Du même auteur, aux éditions Leduc.s

*Les 100 Lois de l'amour et de l'amitié*, 2010.
*Les 100 Lois pour être des parents parfaits (ou presque)*, 2010.
*Les 100 Lois pour une vie heureuse*, 2009.

Retrouvez nos prochaines parutions, les ouvrages du catalogue et les événements à ne pas rater. Votre avis nous intéresse : dialoguez avec nos auteurs et nos éditeurs. Tout cela et plus encore sur Internet à :

**http://blog.editionsleduc.com**

Maquette : manipages

Traduit de l'anglais par Marc Rozenbaum

Titre de l'édition originale : *The Rules of Wealth*

This translation of *The Rules of Wealth – A personal code for prosperity* 01 Edition is published by arrangement with Pearson Education Limited.


17, rue du Regard
75006 Paris – France
E-mail : info@editionsleduc.com
ISBN : 978-2-84899-394-2

RICHARD TEMPLAR

# LES 100 LOIS POUR **S'ENRICHIR** (ET ÊTRE **HEUREUX !**)

LEDUC.S
EDITIONS

*Je voudrais remercier Dan Clayden, directeur du cabinet financier indépendant Clayden Associates (www.claydenassociates.co.uk), qui a eu la gentillesse de lire une première ébauche de ce livre et de me faire quelques remarques pertinentes, et qui est un des meilleurs conseillers financiers qu'il m'ait été donné de rencontrer dans ma vie professionnelle.*

*J'aimerais aussi dédier ce livre à mon adorable beau-père, qui gère son argent avec humanité, générosité, honnêteté et moralité et qui n'en arrive pas moins à faire fructifier ses avoirs de façon rentable et experte. Il est un exemple pour chacun de nous. Il est, par excellence, quelqu'un qui applique les bonnes règles.*

# Sommaire

# Introduction

Soyons honnêtes. Nous aimerions tous avoir de l'argent, posséder un patrimoine, vivre dans l'abondance, et nous sommes fascinés par ceux qui ont déjà tout cela. Comment ont-ils fait ? Comment pouvons-nous les imiter ?

La vérité est simple : les gens riches sont des gens qui comprennent et qui font ce que les autres ne comprennent pas et ne font pas. Dans leurs réflexions comme dans leurs actes, lorsque c'est de leur richesse qu'il s'agit, ils suivent certaines règles de comportement. Ces règles de comportement sont précisément ce qui les distingue de tous les autres. Je les ai formalisées dans le livre que vous tenez entre vos mains, de telle sorte que vous puissiez, vous aussi, choisir d'être plus riche que vous ne l'êtes. Le principe est le même que dans mes autres livres : j'ai réuni tout ce que j'avais vu faire autour de moi. C'est ce que l'on pourrait appeler de la magie par sympathie. Quand nous aimons vraiment les autres et ce qu'ils font, nous pouvons devenir comme eux. Cette méthode donne vraiment de bons résultats.

De façon très simple, ce livre révèle :

- comment les gens s'enrichissent ;
- comment ils continuent à gagner de l'argent ;
- comment ils gardent l'argent qu'ils ont amassé ;
- comment ils le dépensent ;
- comment ils l'investissent ;

- comment ils en profitent;
- comment ils l'utilisent de façon altruiste.

Le plus souvent, nous cherchons à en faire le moins possible pour en obtenir le plus possible. Au Royaume-Uni, pas moins de cinquante milliards de livres sterling changent de main chaque année dans les casinos. Cinquante milliards sur les tapis verts, cela signifie que beaucoup de gens recherchent un moyen facile de gagner de l'argent. Cela signifie aussi qu'un grand nombre d'entre eux seront déçus. Pour certains, cela n'a pas beaucoup d'importance. Au casino, comme dans tout autre métier, ce sont les pourcentages qui comptent. La roulette, par exemple, lorsqu'elle est gérée correctement, rapporte au casino environ 28%. Cela signifie que chaque fois que 100 € sont déposées sur la table, l'espérance de gain de l'établissement est de 28 €. La somme qui revient aux joueurs est donc 72 €. Cet argent ne revient pas nécessairement à ceux qui l'ont misé. Il y a des gagnants et des perdants. Il y a aussi des joueurs qui récupèrent simplement leur mise. Cependant, la maison, elle, est toujours, toujours gagnante… sur le long terme. C'est indiscutable.

À mon avis, si tant de gens jouent autant d'argent dans les casinos – ayant travaillé moi-même dans un casino, j'ai effectivement remarqué tout cela – c'est pour les raisons suivantes :

- ils ont trop d'argent liquide et ils ont besoin de s'en défaire*;
- ils croient fermement à leur «chance»;
- ils aiment perdre, car cela leur donne une bonne raison de se sentir misérables;
- ils ont désespérément besoin de trouver de l'argent facile.

Ce livre n'est pas destiné aux personnes qui se reconnaîtraient dans l'une des situations qui précèdent. Non, pas même dans la dernière (désolé). Il devrait cependant vous permettre de mener une existence globalement plus prospère.

---

* Certains sont là pour blanchir leur argent : ils le misent non pas pour le jeu lui-même, mais pour le récupérer sous forme de gain non imposable. C'est très vilain. Le problème pour eux, c'est que la maison prélève invariablement 28% sur ces sommes, quels que soient leurs efforts pour s'en sortir sans jouer beaucoup.

Ce livre contient un ensemble de règles, de méthodes et autres éléments à comprendre et à appliquer, qui ne vous rendront pas milliardaire du jour au lendemain mais qui augmenteront vos chances de pouvoir gagner de l'argent et faire grossir vos avoirs tout en restant quelqu'un d'honnête. Nous pouvons, en effet, devenir nous-mêmes « la maison » et être toujours gagnants. Que faut-il donc pour y parvenir ?

Il existe tout un ensemble de choses que nous pouvons faire. Aucune règle, prise séparément, ne garantit la réussite, mais chacune permet d'augmenter ses chances. Toutes ces règles augmentent nos chances de gagner de l'argent. Ce n'est pas aussi facile que de gagner une partie de black jack, mais c'est plus sûr à long terme, cela ne vous rend pas dépendant et vous n'avez pas à vous sortir d'une mauvaise passe.

Ici, les violons ne sont pas nécessaires, mais j'ai connu la pauvreté quand j'étais enfant. J'ai dû faire avec. Je voyais des camarades qui étaient bien plus gâtés que moi, qui étaient très gâtés. Je savais aussi, je le savais fort bien, que j'allais m'en sortir. Il m'a cependant fallu passer par de nombreux échecs, par de nombreux faux départs, avant de pouvoir prendre le bon chemin. Je n'ai pu prendre le bon chemin que lorsque je me suis donné le temps et la peine d'observer la façon dont s'y prenaient les gens qui étaient vraiment riches. Cette connaissance que j'ai tirée de mes observations, je suis heureux de pouvoir à présent vous la transmettre.

Je me fonde sur les suppositions suivantes :

- vous voulez vous enrichir ;
- vous voulez le faire de façon légale ;
- vous voulez faire quelque chose d'utile avec la richesse que vous amasserez ;
- vous voulez payer vos dettes ;
- vous voulez mettre de côté une partie de cette richesse acquise.

Je suppose également que vous êtes disposé à entreprendre un petit travail.

Pour vous aider à y parvenir, j'ai divisé ce livre en cinq sections :

- Penser riche

- Devenir riche
- Devenir encore plus riche
- Rester riche
- Partager sa richesse

Nous commençons par penser riche parce que c'est le fondement de tout le reste. Nous avons tous des croyances concernant l'argent. Pour la plupart d'entre nous, nous pensons que même si l'argent ne fait pas le bonheur (mais en secret, nous pensons naturellement qu'il le fait), il nous permettra au moins d'être plus à l'aise dans notre malheur. Nous croyons, presque tous, que l'argent nous permet d'acheter de meilleurs produits et qu'acheter de meilleurs produits nous permet d'être plus heureux. Mon propos n'est pas de vous dissuader de cultiver ces croyances, mais simplement de vous donner les moyens de déterminer vous-même si elles sont vraies ou non.

Il est temps de commencer. Votre vie va-t-elle changer ? Quoi qu'il en soit, j'ai écrit tout ce qui suit pour votre plus grand profit.

*Richard Templar*

# Penser riche

L'argent est un concept. On ne peut pas vraiment le voir ni le toucher (à moins de tenir un lingot dans la main). Un billet, un chèque, ne sont que des symboles physiques de l'argent : des morceaux de papier, mais qui ont un énorme pouvoir.

Pour la plupart d'entre nous, le concept d'argent est très connoté. De façon inhérente, nous pensons que l'argent est un bien, ou au contraire un mal, et que vouloir de l'argent est bien, ou que c'est mal. Nous pensons qu'il est bien, ou au contraire qu'il est mal, d'aimer l'argent, et nous pensons qu'il est bien, ou qu'il est mal, de le dépenser.

Ce que je suggère à travers les cinq premières Lois, c'est que l'idée que nous nous faisons de la richesse et de l'argent peut, dans certains cas – je dis bien dans certains cas –, nous empêcher de nous enrichir. Si, au plus profond de nous-mêmes, nous croyons (ne serait-ce qu'inconsciemment) que l'argent est quelque chose de sale et qu'il est mal d'en posséder en grande quantité, alors il y a des chances pour que nous sabotions involontairement nos propres efforts pour en accumuler.

Je vais aussi vous inciter à déterminer la somme d'efforts que vous êtes disposé à consacrer à gagner de l'argent. C'est un peu comme un sport : plus vous pratiquerez, meilleur vous deviendrez. On ne peut pas faire de l'argent en restant oisif. Il s'agit de se mettre au travail.

Il faut aussi que vous sachiez assez précisément ce que vous voulez, pourquoi vous le voulez, comment vous pensez pouvoir l'obtenir, ce que vous comptez en faire une fois que vous l'aurez obtenu, etc. Personne n'a dit que c'était facile…

## Loi n° 1

# Tout le monde peut gagner de l'argent : il n'y a ni sélection ni discrimination

Ce qui est vraiment bien avec l'argent, c'est qu'il ne connaît absolument aucune discrimination. L'argent ne se soucie pas de savoir quelle est votre religion ou la couleur de votre peau, quel est votre milieu social, quelle était la situation de vos parents, ni même qui vous *croyez* être. Chaque jour, les compteurs sont remis à zéro. Quoi que vous ayez fait la veille, vous avez les mêmes droits et les mêmes possibilités que n'importe qui d'autre de gagner tout ce que vous voulez. La seule chose qui puisse vous en empêcher, c'est vous-même et vos propres croyances concernant l'argent (*voir Loi n° 5*).

De toute la richesse du monde, chacun a ce qu'il en retire. Que dire de plus sensé ? L'argent ne se préoccupe absolument pas de l'identité de son détenteur, de ses qualifications, de ses ambitions ni de sa catégorie sociale d'appartenance. L'argent n'a pas d'yeux ni d'oreilles. L'argent est inerte, inanimé, impassible. Il est là pour être utilisé et dépensé, économisé et investi, pour qu'on se batte pour lui, pour qu'on s'en serve comme moyen de séduction, pour qu'on le gagne. L'argent ne fait pas de discrimination et ne vous juge pas.

J'ai observé beaucoup de personnalités extrêmement riches, et s'il est une chose qu'elles ont toutes en commun, c'est de n'avoir rien en commun – à part, bien entendu, qu'elles sont toutes initiées aux bonnes règles. Les riches forment une population diversifiée, parmi laquelle vous trouverez aussi bien les gens les plus distingués que les gens les plus grossiers, les gens les plus intelligents et les gens les plus stupides, ceux qui ont du mérite et ceux qui n'en ont pas. Cependant, une chose est sûre, chacun d'eux s'est levé à un moment donné pour dire : « Oui, j'en veux ! » Quant aux pauvres, ce sont ceux qui disent : « Non merci, pas pour moi, je ne le mérite pas, pas assez. Je ne peux pas. Je ne dois pas. Il ne faut pas. »

C'est bien de cela qu'il s'agit dans ce livre, de remettre en question la perception que vous avez de l'argent et de la richesse. Nous pensons tous que les pauvres sont pauvres à cause des circonstances, de leur milieu d'origine, de la façon dont ils ont été élevés, de ce dont ils ont été privés. Or, si vous avez les moyens d'acheter un livre comme celui-ci et de vivre dans une relative sécurité et dans un certain confort, alors vous avez la possibilité de devenir riche. Ce peut être difficile, mais c'est faisable. C'est la Loi n° 1 : tout le monde peut être riche, il suffit de s'y appliquer. Toutes les autres lois concernent la manière de s'y appliquer.

> Vous avez les mêmes droits
> et les mêmes possibilités que n'importe
> qui d'autre de gagner tout
> ce que vous voulez.

## Loi n° 2

# Décidez de la façon dont vous voulez définir la richesse

La richesse, qu'est-ce donc, pour *vous*? Si vous voulez devenir riche, asseyez-vous et réfléchissez tout d'abord à cette question. Ce que j'ai pu constater, c'est que les gens riches y ont toujours réfléchi. Ils savent précisément ce qu'est pour eux la richesse.

J'ai un ami qui est riche et extrêmement généreux. Il me dit qu'il y a longtemps, alors qu'il démarrait dans sa vie professionnelle, il savait déjà qu'il estimerait avoir gagné assez quand il ne vivrait plus de l'argent qu'il aurait amassé (de son capital), ni des intérêts que lui rapporterait ce capital. Non, il se considérerait comme suffisamment riche quand il pourrait vivre des intérêts qui lui rapporteraient les intérêts de son capital. Voilà qui me plaît bien.

Aujourd'hui, cet ami sait quels intérêts ses intérêts lui rapportent. Si nous allons au restaurant, par exemple, il sait (a) combien le repas lui coûte et (b) combien il gagne pendant le temps qu'il passe au restaurant. Tant que (b) est supérieur à (a), il est content.

Vous pensez peut-être que cet ami place la barre bien haute. Vous seriez sans doute moins exigeant que lui et, naturellement, cela ne pose pas de problème, mais là encore, peut-être pourrait-on essayer de raisonner avec des chiffres. Jadis, tout le monde rêvait de devenir millionnaire. Il était facile de savoir qui l'était et qui ne l'était pas.

Aujourd'hui, nombreux sont ceux qui possèdent une maison valant plus d'un million d'euros mais qui ne se considèrent pas du tout comme riches, sans pour autant envisager de devenir milliardaires*.

Ma propre définition de la richesse, par comparaison, c'est d'avoir assez pour ne plus avoir à s'inquiéter d'avoir assez. À quelle quantité d'argent cela correspond-il ? Je n'en sais rien. Il semble qu'il y ait toujours matière à s'inquiéter – et que l'argent ne rentre jamais assez. Plus sérieusement, j'estime vivre « confortablement » depuis que je compte mon argent en milliers de livres sterling et non plus en livres sterling. Je sais à un millier près combien j'ai, de combien j'ai besoin et combien je dépense.

Pour certains, ne pas avoir à s'inquiéter, c'est avoir de quoi faire face à tout imprévu. Comment définir cela ? Est-ce le nombre de voitures que vous possédez ? Le nombre de vos domestiques ? Le solde de votre compte-courant ? La valeur de votre maison ? Votre portefeuille d'investissements ? Bien entendu, aucune réponse n'est ni bonne ni mauvaise, mais je pense vraiment que vous ne devriez pas poursuivre votre lecture avant d'avoir réfléchi à cette question. Quand on n'a pas d'objectif, on ne peut rien viser. Quand on n'a pas de destination, on ne peut pas partir, ou bien on risque de tourner en rond pendant des heures. Faute d'avoir arrêté une définition, comment peut-on évaluer le résultat et dire si l'on a réussi ? Si vous ne faites pas ce travail, comment pourrez-vous savoir si ce livre vous a été utile ?

Faute d'avoir arrêté une définition, comment peut-on évaluer le résultat et dire si l'on a réussi ? Si vous ne faites pas ce travail, comment pourrez-vous savoir si ce livre vous a été utile ?

* Pour moi, un milliard, c'est un million de millions, et personne ne me fera changer d'avis sur ce sujet.

# Loi n° 3

# Fixez vos objectifs

Une fois que vous avez défini ce qu'est pour vous la richesse, vous avez déterminé une destination. Vous fixer des objectifs consiste à définir un calendrier pour atteindre cette destination. C'est très simple. Quand vous devez vous rendre quelque part, vous avez besoin de savoir :

- à quelle heure vous allez partir de chez vous;
- à quelle heure vous prévoyez d'arriver;
- quel itinéraire vous allez suivre;
- ce que vous allez faire quand vous serez arrivé.

Pour devenir riche, il en est de même. Vous avez besoin de savoir à l'avance ce que signifie pour vous être riche, comment vous comptez le devenir, combien de temps vous pensez mettre pour le devenir, et ce que vous pourrez et voudrez faire de l'argent que vous aurez amassé.

Donc, une fois défini ce qu'est pour vous la richesse, voyez-vous combien il est important pour vous de vous fixer un objectif? Pensez à la façon dont vous comptez devenir riche et au temps que cela va vous prendre, puis fixez-vous un objectif. Celui-ci peut être simple : «Être millionnaire le jour de mes quarante ans et gagner cet argent en dirigeant ma propre société de gestion immobilière.»

Pour moi, c'était facile. Je n'ai fait que choisir un exemple à votre place. Pour vous, ce sera sans doute relativement difficile, car c'est une chose à laquelle vous n'aviez pas encore réfléchi. Oh, je veux bien croire qu'il vous est arrivé de rêver qu'un jour, vous réussiriez et vous seriez riche et célèbre, mais rares sont ceux –, à part les personnes riches, célèbres et qui réussissent d'après ce que j'ai pu constater – qui décident vraiment quoi faire, quand et comment. Si vous voulez, vous aussi, être riche, il faut que vous sachiez prendre de telles décisions, et je suppose que vous en êtes capable, car sinon vous ne seriez pas en train de lire ces lignes. Vous voyez, vous avez vos chances.

À présent, fixez-vous un objectif. Allez-y, je vous attends.

Déjà ? Comment vous y êtes-vous pris ? Il faut que votre objectif soit réaliste, honnête et réalisable. L'objectif de devenir la personne la plus riche du monde, par exemple, ne serait pas un objectif réaliste.

Un objectif honnête, c'est un objectif qui vous corresponde réellement et avec lequel vous puissiez vivre et travailler. Si vous vous mentez à vous-même, vous ne réussirez pas. Si vous mentez aux autres, vous ne réussirez pas non plus.

Réalisable ? Oui, c'est tout aussi important. Si vous ne connaissez rien à l'immobilier et si cela ne vous intéresse pas d'apprendre, si vous n'avez pas de capital à investir et si vous n'êtes pas en mesure d'obtenir un prêt, alors l'objectif de devenir promoteur immobilier n'est ni réaliste, ni honnête, ni réalisable.

Prêt à passer à l'étape suivante ? Bien. Sinon, faites une nouvelle tentative, et avançons. Il s'agit de progresser aussi vite que possible.

> Vous avez besoin de savoir à l'avance ce que signifie pour vous être riche, comment vous comptez le devenir, combien de temps vous pensez mettre pour le devenir.

## Loi n° 4

# Gardez-le pour vous

Maintenant que vous voilà embarqué dans un nouveau voyage, dans une nouvelle direction, le mieux est peut-être de n'en rien dire à personne. À un moment donné, vous devrez sans doute consulter des conseillers financiers (*voir Loi n° 64*), mais pour le moment, vous avez plusieurs raisons d'éviter de faire savoir autour de vous quels sont vos projets :

- Les autres ont souvent un avis négatif, et cela pourrait vous décourager.
- Si les autres vous imitent, il y aura moins de place pour vous.
- Ne donnez pas aux autres vos meilleures idées.
- Il n'est jamais souhaitable pour vous que les autres discutent entre eux de vos affaires.
- Il ne s'agit pas pour vous de prêcher, ni d'amener les autres à votre propre manière de voir les choses.
- Personne n'a vraiment besoin de savoir quels sont vos projets. Si l'on vous demande de vos nouvelles, répondez laconiquement plutôt que de vous lancer dans une laborieuse explication.
- Garder un secret procure un sentiment agréable et flatteur.

Si vous commencez à ébruiter ce que vous faites, vous vous attirerez la jalousie de certains membres de votre entourage, qui feront alors leur possible pour vous déstabiliser. Il faut dire que, d'une certaine manière, vous êtes en train de vous éloigner d'eux. Vous venez de décider que ce que vous étiez ne vous convient plus, et vous voilà parti pour des découvertes fructueuses. Il y a là de quoi les mécontenter. Par conséquent, gardez-le pour vous. C'est simple et cela ne vous coûtera rien.

Ce sera notre petit secret à nous. Apprenez et appliquez les Lois présentées dans ce livre, mais abstenez-vous d'en faire part à votre entourage, même si vous pensez que d'autres pourraient aussi en profiter. Bien entendu, vous pouvez parfaitement laisser traîner ce livre sur votre table basse.

Ce qui est intéressant, c'est de remarquer que même si vous informiez tout le monde de votre démarche, il y aurait peu de chances pour qu'on vous imite. La plupart des gens préféreront s'affaler devant la télévision plutôt que de se sortir de leur pétrin. Quand je vous conseille de le garder pour vous, c'est dans votre propre intérêt. Quiconque décide d'adhérer à une certaine démarche doit éviter d'en parler autour de lui. Les gens détestent qu'on leur fasse la morale, qu'on leur donne des leçons, qu'on les incite à remettre en question leur mode de vie, qu'on les critique. Accéder à la prospérité fait partie de ce que l'on doit entreprendre en privé, dans la clandestinité, de façon furtive. Ce n'est pas qu'il y ait quelque chose de mal à cacher, mais simplement qu'on y réussit mieux seul.

> Maintenant que vous voilà embarqué dans un nouveau voyage, dans une nouvelle direction, le mieux est peut-être de n'en rien dire à personne.

## Loi n° 5

# La plupart des gens sont trop paresseux pour pouvoir être riches

Levez-vous tôt, travaillez dur toute la journée et continuez à poursuivre votre objectif jusqu'au moment du coucher. L'argent pousse parfois sur les arbres, à ce qu'il semble. On peut gagner au Loto ou au jackpot, ou remporter le premier prix d'un concours. Il arrive que l'on touche un héritage inattendu d'un membre de la famille qu'on avait perdu de vue depuis longtemps. Certains accèdent à la gloire et à la fortune alors que rien n'indiquait qu'ils avaient des chances d'y accéder. Oui, tout cela peut se produire. Si votre objectif est de gagner au Loto pour vivre dans l'opulence jusqu'à la fin de vos jours, inutile de poursuivre votre lecture. Rangez ce livre et allez acheter des billets de Loto. En revanche, si votre objectif est un peu plus réaliste, lisez ce qui suit.

La plupart des gens sont trop paresseux pour pouvoir être riches. Ils vous diront peut-être que c'est leur désir, mais ce n'est pas vrai. Ils achèteront peut-être un billet de Loto sans enthousiasme, mais sans être disposés à faire les sacrifices nécessaires, à étudier, à apprendre, à se donner du mal ni à concentrer leurs efforts sur un objectif de vie.

Il faut savoir aussi que pour nombre d'entre eux (mais pas pour vous), votre projet a nécessairement quelque chose d'impur (*voir Loi n° 6*). Or, qu'y a-t-il de mal à travailler dur pour gagner de l'argent ? N'est-ce pas un objectif valable ? Tout dépend, me semble-t-il, de vos motivations et de ce que vous avez l'intention de faire de cet argent (*voir Loi n° 8*).

La plupart des gens n'ont pas envie de s'atteler à la tâche. Ils désirent l'argent, bien sûr, mais encore faut-il qu'ils le doivent au hasard, à la chance, à la providence. Dans ce cas, cela ne leur pose pas de problème. Leur fortune ne doit pas être entachée de sueur, de travail, de passion ni de détermination.

Je pense que si vous vous intéressez aux personnalités assez riches pour vous servir de modèle – Bill Gates, Richard Branson, Alan Sugar, Warren Buffett, Gordon Ramsey, James Dyson, Petr Kellner* – vous remarquerez que tous ces messieurs, qu'ils gagnent de l'argent avec les ordinateurs, la grande distribution, la cuisine, les affaires, le cinéma, les aspirateurs, la musique pop ou la radio, ont un point commun : ce sont des bourreaux de travail. Leur particularité commune est d'être capables d'en faire plus en une journée que la plupart d'entre nous en un mois.

C'est bien ce qui est admirable avec la richesse : elle est autour de nous et ne demande qu'à être voulue (*N'oubliez pas la Loi n° 1*). Ceux qui la veulent, ce sont ceux qui se lèvent tôt, qui retroussent leurs manches et qui travaillent dur sans compter les heures.

C'est ce que vous allez devoir faire, vous aussi. Dans mon équipe, il n'y a pas de place pour les amateurs de chaises longues, les traîne-savates et autres tire-au-flanc. Je veux des bûcheurs, des gens actifs, déterminés, consciencieux et ambitieux – et qui aient le sens de l'humour, bien entendu.

> La plupart des gens sont trop paresseux pour pouvoir être riches. Ils vous diront peut-être que c'est leur désir, mais ce n'est pas vrai.

* Celui-ci, je parie que vous n'en aviez jamais entendu parler : il s'agit du premier milliardaire de la République Tchèque.

## Loi n° 6

# Prenez conscience de vos croyances concernant l'argent, et de leur origine

Nous avons tous grandi avec des préjugés sur l'argent. Ces préjugés nous viennent souvent de nos parents et de l'éducation qu'ils nous ont donnée. J'entends encore ma mère me dire « un penny économisé, c'est un penny de trouvé » et, à ce jour, je n'ai toujours aucune idée de ce que cela signifie. Mes propres mythes concernant l'argent sont fondés sur un ensemble d'absurdités de ce genre. Cependant, la plupart d'entre nous croient profondément aux préjugés suivants :

- C'est de l'argent que vient tout le mal*.
- L'argent est sale.
- Je ne mérite pas d'être riche.
- Seuls les gens cupides et malhonnêtes s'enrichissent.
- L'argent corrompt.
- On ne doit pas se vanter d'avoir de l'argent : ne jamais dire combien on gagne, quel salaire on mérite, etc. (sauf lors de négociations relatives à votre salaire).
- Il n'est pas possible d'avoir de l'argent et d'être « spirituellement pur** ».
- L'argent et le bonheur ne vont pas ensemble.

---

* En réalité, c'est le fait d'*aimer* l'argent qui est censé être la racine du mal, mais est-ce que vous y croyez, vous?

** Quel que soit le sens que l'on donne à cette expression.

- Plus on en a, plus on en veut.
- Quand on s'enrichit, on perd ses amis.
- Pour devenir riche, il faut travailler trop durement*.
- Mieux vaut être pauvre, quelque part.
- Mon destin n'était pas de devenir riche : ou alors, je le serais déjà.
- Je ne suis pas le genre de personne à pouvoir devenir riche.

Examinez rapidement la liste qui précède. Cochez les préjugés qui sont les vôtres, ceux qui éveillent quelque écho en vous. Recopiez les exemples dans lesquels vous vous reconnaissez. Ajoutez ceux que j'ai pu omettre : il y en aura sans doute quelques-uns. Ensuite, demandez-vous pourquoi vous y croyez. S'agit-il d'un sujet auquel vous avez déjà activement réfléchi, auquel vous avez déjà consacré une recherche ? Ou bien, s'agit-il de préjugés dont vous avez hérité ou que vous avez assimilés à un moment ou à un autre sans trop approfondir la question ?

Une fois ce travail terminé, il ne devrait rien vous rester, rien sinon une feuille blanche. Vous pouvez alors écrire de nouvelles croyances :

- L'argent est une bonne chose.
- Vouloir de l'argent est une bonne chose.
- Je compte devenir riche.
- Je suis prêt à mettre le paquet.

Les gens riches ne sont encombrés d'aucun de ces mythes sur l'argent qui sont le lot des indigents. Ils ont su s'en débarrasser, ou bien ils n'y ont jamais cru. Nous aussi, en nous en débarrassant, nous augmentons nos chances de faire fortune.

**Chaque fois que vous pouvez remettre en question un de ces préjugés ou admettre qu'il est absurde, tâchez de vous en débarrasser.**

* Voir Loi n° 5.

# Loi n° 7

# La richesse n'est pas une récompense mais une conséquence

En travaillant dur pour amasser de l'argent, vous augmenterez vos chances de faire fortune. Il faut, pour cela, que vous admettiez que l'argent est la rémunération que vous obtenez pour avoir réfléchi intelligemment et travaillé dur. Plus dur et plus intelligemment vous travaillerez, plus vous gagnerez. L'argent ne vous est pas versé par une commission chargée d'étudier vos mérites. L'argent est une conséquence directe.

Quand notre attention se porte sur une personne fortunée, nous avons tendance à nous demander si elle mérite d'être si riche et à nous livrer à des jugements de valeur. Cela nous arrive à tous. Je lisais quelque chose sur Calvin Ayre, qui a amassé une belle fortune grâce à son casino en ligne. Il compte quelque seize millions de clients aux États-Unis. Le Département américain de la Justice n'aime pas beaucoup cela et voudrait faire cesser cette activité. Ayre n'est pas citoyen américain et ne réside pas aux États-Unis. Vous pourrez lire sur lui toutes sortes de renseignements en consultant le site www.forbes.com (qui recense les personnalités vraiment très fortunées). Vous devriez en faire votre page de démarrage, si ce n'est pas déjà fait. Il s'agit maintenant pour vous de devenir riche, ce qui implique de bien comprendre d'où vient la richesse.

Revenons à Ayre. Il a fait fortune en tirant parti de ce qui semble être une lacune du droit américain. Ce qu'il fait est censé être illégal, mais il ne peut être accusé de commettre un délit dans un pays où il ne réside pas. S'agit-il de le juger ? Pas pour moi. Mon souci est d'étudier cette information pour voir si elle peut m'être utile. Le problème éventuel, c'est qu'il s'agit d'une activité de jeu, mais je constate que cet homme s'est donné du mal et qu'il a ainsi gagné beaucoup d'argent.

L'autre jour, je regardais à la télévision une émission sur un homme qui lave et lustre les voitures des célébrités. Il facture ses prestations cinq mille livres sterling (un peu plus de cinq mille euros). Il est vrai que pour ce prix, la carrosserie et l'intérieur sont impeccables. Maintenant, cet argent est-il une récompense ou une conséquence ? Je pense qu'il ne le considérerait pas comme une récompense. C'est son prix, et ses clients paient ce prix parce qu'il est le meilleur au monde pour nettoyer des voitures. Il a eu une idée, il a développé un talent, il ne limite pas ses efforts, et cette très bonne rémunération en est la conséquence.

> L'argent ne vous est pas versé par une commission chargée d'étudier vos mérites.

## Loi n° 8

# Considérez la richesse comme une amie plutôt qu'une ennemie

La rédaction de ce livre m'a amené à remettre en question ma propre attitude vis-à-vis de l'argent, et cette expérience a été pour moi très intéressante.

Tous, nous nous servons de l'argent. Chacun de nous détient au moins un compte en banque, une carte bancaire, un compte d'épargne. Nous empruntons, nous payons un loyer. Chaque jour de notre existence, nous sommes mêlés à toute cette circulation monétaire. Nous en voulons toujours davantage. Quel est donc le problème ?

Tout dépend de ce que nous avons en tête. Moi aussi, tout comme vous, je gère, je dépense et j'économise de l'argent. Comme vous, je cherche à faire tout cela de façon plus efficace et plus heureuse.

Avant de pouvoir rédiger ce livre à votre attention, j'ai donc dû entreprendre une étude rigoureuse de mes propres motivations, de mes propres mythes, de tout ce qui était en moi. J'en suis arrivé à la conclusion que l'argent n'était ni un bien ni un mal, et qu'il n'était ni un ami ni un ennemi. Il n'est pas une chose malsaine comme nous avons généralement pris l'habitude de le penser. Sans lui, plus rien ne fonctionnerait. L'argent est ce qui nous permet de vivre notre vie. Ce qui est bien ou mal, bénéfique ou nuisible, ami ou ennemi, c'est ce que nous en faisons (*voir la Loi suivante*).

À présent, répétez après moi : *L'argent, c'est bien. L'argent, c'est magnifique. L'argent est nécessaire. L'argent est une bonne chose. L'argent est mon ami, pas mon ennemi.* Répétez cela à voix basse, bien entendu, pour éviter que votre entourage vous croie devenu fou. Apprenez à ne plus avoir d'appréhensions vis-à-vis de l'argent.

Enfin, avoir de l'argent, travailler à vous enrichir n'implique aucun changement dans vos idées politiques. Vous pouvez très bien être de gauche, et même d'extrême gauche. Un des hommes les plus riches d'Angleterre, Lors Sainsbury, est membre du parti travailliste. L'argent n'empêche rien, il n'amoindrit pas vos qualités spirituelles ni votre karma et il n'affecte pas vos réincarnations futures, croyez-moi. Je n'en dirai pas autant de l'usage auquel vous pouvez le destiner, mais l'argent lui-même est votre ami, et non pas votre ennemi.

> L'argent est ce qui nous permet de vivre notre vie.

## Loi n° 9

# Décidez de ce que vous ferez de cet argent

Cela fait partie du processus par lequel vous définissez et vous fixez un objectif. Il n'y a pas de bonnes et de mauvaises réponses. Ainsi, par exemple, gagner une fortune et la dépenser entièrement pour se procurer de la cocaïne me semble insensé, mais ce n'est que mon point de vue. Si je dépense la mienne pour m'acheter quelques bonnes bouteilles de Châteauneuf du Pape, vous trouverez peut-être cela incongru. Chacun de nous dépense son argent pour satisfaire ses propres désirs et se faire plaisir. À chacun ses plaisirs, et l'on n'a pas à juger les autres.

Et vous, que ferez-vous de cet argent ? Pourquoi voulez-vous vous enrichir ? Dans vos réponses, vous pourrez trouver une mine d'informations sur les mythes qui perdurent dans votre esprit à propos de l'argent et sur la façon dont vous le voyez vraiment.

Parfois, c'est très simple : nous avons un rêve à réaliser, et il nous faut de l'argent pour cela. Gerald Durrell avait toujours rêvé d'un zoo, depuis tout petit. Les trente-six livres à succès qu'il a publiés lui ont permis de financer la création de son propre zoo (sur l'île de Jersey). Et vous, quel est votre rêve ?

Ce n'est cependant pas toujours aussi simple. L'autre jour, j'ai demandé à l'une de mes connaissances pourquoi elle voulait s'enrichir. Sa réponse a été très révélatrice. Cette personne m'a répondu qu'elle voulait améliorer sa situation pour avoir davantage à offrir à ses enfants. Elle voulait leur donner davantage pour qu'ils restent plus longtemps à la maison. Ainsi, elle risquerait moins de se retrouver toute seule dans son vieil âge. Elle voudrait donc être plus riche pour chasser la solitude.

Un autre ami m'a répondu qu'il voulait devenir riche parce que, ainsi, il pourrait avoir des aventures. En l'interrogeant davantage, j'ai pu me rendre compte que ces aventures étaient ce qui allait lui permettre de se sentir à nouveau jeune, libre et célibataire.

Pour chacune de ces deux personnes, l'argent est-il vraiment la solution ? Et pour vous ? Une fois que vous savez pourquoi vous aimeriez posséder davantage, songez également à d'autres moyens de satisfaire vos besoins : comme je l'ai évoqué précédemment, je voulais être plus riche pour être en mesure de payer les soins médicaux dont un de mes proches pourrait éventuellement avoir besoin un jour. Or, pour couvrir de telles dépenses, je pourrais aussi investir dans une simple police d'assurance-vie.

Réfléchissez aussi à ce pour quoi vous *n'avez pas besoin* de gagner davantage. J'aime mes jouets (des voitures et des bateaux), mais j'ai constaté que je n'y mets pas davantage d'argent depuis que mes revenus ont augmenté. J'aime toujours autant ces anciennes voitures de sport et ces vieux bateaux qui coûtent très cher à entretenir. Ma motivation, ce n'est pas de pouvoir consacrer de grosses dépenses à de nouvelles acquisitions. Je n'ai pas besoin de gagner plus pour m'acheter de nouvelles voitures ou de nouveaux bateaux. Et vous, avez-vous vraiment autant de besoins que vous le pensez ? Si oui, c'est très bien, mais il faut simplement que ce soit pour vous quelque chose de clair et de sûr.

Quelle est donc votre excuse ? Pourquoi avez-vous besoin d'argent ? Déterminez votre propre programme, et gardez-le pour vous. Quoi que vous soyez amené à coucher sur le papier – et je vous recommande d'écrire, pour donner plus de consistance à votre projet – faites que cela reste secret. Il vous sera utile de ressortir vos notes un de ces jours, pour comparer vos rêves et vos réalisations.

> Chacun de nous dépense son argent pour satisfaire ses propres désirs et se faire plaisir.

## Loi n° 10

# Comprendre que l'argent engendre l'argent

Il n'y a pas de plus grande vérité que celle-ci : l'argent engendre l'argent. L'argent aime se rassembler. L'argent se multiplie rapidement et en silence, comme les lapins. L'argent fait l'argent. Les riches s'enrichissent, tandis que les pauvres s'appauvrissent. C'est la vie. C'est triste, oui, mais les choses sont ainsi faites. À partir de là, nous pouvons travailler dur et produire des résultats, ou bien nous pouvons rester assis à nous lamenter et devenir une victime de la société. C'est un choix qui, dans tous les cas, ne dépend que de nous.

Si vous voulez y changer quelque chose, il me semble que le mieux est d'amasser une belle somme d'argent et d'en faire ensuite bon usage pour aider les gens qui sont moins fortunés que vous. Quoi qu'il en soit, tout ce que vous pourrez faire, c'est avec de l'argent que vous le ferez.

Une fois que vous aurez de l'argent, vous serez surpris de voir à quelle rapidité il peut fructifier. Je vous recommande d'apprendre et d'assimiler aussi vite que possible la notion d'*intérêts composés*. Non, je ne vous ferai pas un cours sur ce sujet, je me contenterai de vous dire que cette notion est d'une importance vitale et qu'il s'agit d'un élément essentiel de l'édifice. Je ne vous en dirai pas plus, d'abord parce que cela sortirait du cadre de ce livre*, ensuite, parce que je n'ai pas l'intention de faire tout le travail à votre place. Ce serait trop facile, et

* Lisez *The Financial Times Guide to Investing* de Glen Arnold.

vous n'apprendriez rien. J'observe que les riches savent ce que sont les intérêts composés, tandis que le reste d'entre nous l'ignore.

Si vous dépensez tout ce que vous gagnez, alors cette Loi ne se vérifiera jamais pour vous : si vous voulez que votre argent travaille, il faut que vous sachiez le mettre de côté. Si vous éleviez des poulets et si vous les tuiez tous pour les manger, ils ne vous rapporteraient plus rien. Oubliez les poulets : c'est plutôt de l'argent que vous allez élever, et votre argent fera des petits. Vous pourrez en réinvestir une partie et en dépenser une autre partie, mais vous ne devrez pas tout dépenser, ou ce serait comme si vous n'aviez plus aucun poulet. Ce n'est pas d'astrophysique qu'il s'agit, mais il est déconcertant de voir combien de gens ne parviennent pas à comprendre cela. Mais vous, vous avez compris, maintenant. Je viens de vous donner le meilleur conseil possible.

- Mettez de l'argent de côté pour le faire fructifier.
- N'en utilisez qu'une partie pour vos dépenses.
- Réinvestissez la plus grosse part pour constituer un capital substantiel et sain.
- N'en parlez à personne.

> L'argent fait l'argent.
> Les riches s'enrichissent.

## Loi n° 11

# Si l'argent est pour vous la solution, vous ne tarderez pas à vous rendre compte qu'il devient le problème

L'argent n'améliorera pas toujours vos relations avec autrui : loin s'en faut. L'argent ne vous protégera pas contre la maladie : il vous permettra peut-être, après coup, de vous faire mieux soigner, mais il ne vous protégera pas. L'argent peut vous permettre de mieux vous nourrir, mais la moitié la plus riche de la population mondiale est plutôt en mauvaise santé : avoir tout l'argent nécessaire pour bien manger et bien se porter ne vont pas nécessairement ensemble.

Plus vous aurez tendance à considérer l'argent comme la solution, plus vous risquerez de passer à côté de l'essentiel. L'argent ne fait rien à l'affaire.

Je sais, je sais. Vous vous dites par exemple : « Si seulement j'avais X euros, cela me permettrait de régler tel problème qui m'empoisonne l'existence. » À mon avis, vous vous rendrez compte finalement que l'argent apporte un certain nombre de nouveaux problèmes. L'argent ne vous rendra pas plus heureux, ni plus mince, ni plus recommandable auprès des honnêtes gens. L'argent n'est pas ce qui procure une paix durable et profonde pour l'esprit. On rencontre beaucoup de gens riches et cependant gras, malheureux et qui n'ont pas de vrais amis. Je crois qu'il s'agit de trouver d'abord les remèdes à nos problèmes, et ensuite le moyen de financer ces remèdes. L'argent n'est pas et ne sera jamais le remède. L'argent est le lubrifiant qui graisse les rouages. L'argent n'est pas le moteur.

> L'argent vous permettra peut-être, après coup, de vous faire mieux soigner, mais il ne vous protégera pas.

## Loi n° 12

# Vous pouvez gagner beaucoup d'argent, vous pouvez aimer votre travail, et vous pouvez bien dormir la nuit

Les préjugés suivants restent ancrés chez beaucoup de gens :

- Seuls s'enrichissent les gens qui sont impitoyables, manipulateurs, amoraux et avides.
- Pour amasser un tant soit peu, il faut vendre son âme, marcher sur le corps de ses parents et fouler aux pieds ses principes.
- Les gens riches finissent invariablement par souffrir de problèmes cardiaques, d'insomnie et autres troubles liés au stress.
- Pour faire de l'argent, il faut devenir un monstre et sacrifier sur l'autel de la richesse sa famille, ses valeurs morales et son bonheur.

C'est effectivement ainsi que les choses peuvent se passer, mais il n'y a aucune nécessité à cela. Au contraire, il n'y a aucune raison pour qu'il en soit ainsi. C'est bien là la beauté de la chose. Si c'est le cas pour vous, c'est que vous ne savez pas vous y prendre. L'argent est si libre d'accès – et pour tout le monde (comme on l'a vu avec la Loi n° 1) – que vous n'avez vraiment pas besoin de vous escrimer autant, ni de changer de personnage à ce point. Très nombreux sont les gens recommandables et assez ordinaires qui gagnent de l'argent – et qui en gagnent en grande quantité. Le vieux cliché du patron sous pression qui mâchouille son cigare et qui aboie des ordres au téléphone tout en signant des contrats louches a vécu.

Vous pouvez très bien amasser de l'argent, aimer votre travail et dormir la nuit. Il vous suffit de le décider, et de vous y tenir.

Sachez que si vous commencez à perdre le sommeil ou si vous n'aimez plus ce que vous faites, vous avez besoin d'effectuer un sérieux travail d'introspection. Dans ce cas, reprenez ce livre au début et refaites le point sur ce que la richesse représente pour vous.

Je me souviens d'une bande dessinée dans laquelle on voyait des gros bonnets dans une salle de réunion. Une petite fille passe la tête dans l'encadrement de la porte et dit : « L'argent ne peut acheter un sourire aimable. » Tous les hommes d'affaires restent cois, décontenancés. Puis, le PDG se met à grogner : « Sors d'ici, petite. Qui peut bien vouloir un sourire aimable ? », et tous les autres, soulagés, reprennent la discussion.

Le sourire aimable, pour ma part, je tiens à l'avoir, même si cela doit se traduire par une petite perte financière. Je veux dormir la nuit et aimer mon travail, et aussi gagner de l'argent, mais je ne sacrifierai pas mes principes, je ne cesserai pas de ménager du temps pour ma famille, ni de m'accorder des jours de congé. Pas question de me soucier de mon travail ou de mes finances quand je me couche, ni d'être absorbé par mon argent au point de perdre mon sens de l'humour ou de renoncer à me distraire. Il est possible de faire de l'argent et d'avoir une vie à côté, de gagner beaucoup d'argent et d'être quelqu'un de très recommandable. Cela peut parfois *sembler* impossible, mais c'est possible. Il s'agit, là encore, de rompre avec certains de nos préjugés sur l'argent.

> Si vous commencez à perdre le sommeil ou si vous n'aimez plus ce que vous faites, vous avez besoin d'effectuer un travail d'introspection.

# Loi n° 13

# Ne faites pas le mal pour gagner de l'argent

J'aime la devise de Google, *Don't be evil* (ne fais pas le mal). S'il s'agit, pour gagner de l'argent, de mentir, de tricher, de voler, de frauder, de perdre le sommeil, de dissimuler, de contourner les lois, d'enfreindre les règles ou, de façon plus générale, de mal se conduire, alors abstenez-vous. Cela n'en vaut pas la peine.

S'il s'agit de gagner de l'argent ou de devenir riche en faisant quelque chose qui n'est pas du tout amusant – et quand on fait le mal, cela n'a rien d'amusant –, alors il n'y a aucune raison de le faire. Si vous ne pouvez pas relever le défi de gagner de l'argent d'une façon convenable, mieux vaut y renoncer et passer à autre chose.

Un jour, j'avais rencontré quelqu'un qui avait été un grand malfaiteur. Il m'avait expliqué qu'être connu comme tel lui rendait la vie très difficile, car il était obligé de se conformer à la loi bien plus scrupuleusement que le reste d'entre nous. Il ne pouvait pas prendre le risque de se faire arrêter pour excès de vitesse ou pour quelque autre contravention de ce genre. Il évitait aussi les festivités nocturnes, en raison du risque de voir la police débarquer. Il était obligé de se faire discret, d'éviter de se faire remarquer d'une façon ou d'une autre.

Cependant, mener une vie honnête comporte d'autres avantages que pouvoir faire des excès de vitesse ou être un oiseau de nuit. Gagner de l'argent tout en n'ayant rien à se reprocher vous permet de bien dormir la nuit. Vous pouvez regarder vos enfants dans les yeux – et vous regarder dans la glace – et avoir l'esprit tranquille. Ce sont des choses qu'aucune somme d'argent ne permet d'acheter.

Si vous êtes amené à recourir à un procédé malhonnête, c'est un signe d'échec : cela signifie que vous n'avez pas été capable de faire les choses correctement. Cela signifie que vous en êtes réduit à recourir à des expédients. Cela signifie que vous avez été négligent, paresseux, non créatif.

Je peux trouver de nombreux exemples de personnes riches et célèbres ayant fait fortune par des moyens blâmables. Ces gens sont riches, certes, mais que voyez-vous dans leurs yeux ? Voudriez-vous mener le même genre de vie stressée et avoir, vous aussi, une réputation sulfureuse ? Ne préféreriez-vous pas avoir la conscience tranquille et pouvoir vous dire que vous avez toujours agi en tout bien tout honneur ? La réponse est évidente, non ?

Aussi longtemps que vous pourrez vous enrichir sans léser autrui, sans être cruel ni injuste, sans tricher ni enfreindre la loi, il n'y aura rien de mal. Il vous suffira de rester attentif et conscient de ce que vous faites – et de ce que vous faites de votre argent.

Si vous ne pouvez pas relever le défi de gagner de l'argent d'une façon convenable, mieux vaut y renoncer et passer à autre chose.

## Loi n° 14

# Comprendre le lien entre l'argent et le bonheur

Beaucoup de choses peuvent nous rendre malheureux : perdre notre conjoint, perdre notre emploi, tomber malade, et bien d'autres choses encore, qui ont rarement un rapport avec l'argent, le gain et la dépense.

N'oubliez pas ceci :

- On peut être malheureux parce qu'on n'a pas assez.
- On peut être malheureux parce qu'on a trop.

Je crois qu'il importe de comprendre dès le départ que l'argent et le bonheur ne sont pas nécessairement liés. *L'argent n'achète pas le bonheur.* C'est une erreur fréquente que de le croire, mais vous ne ferez pas cette erreur. On peut être pauvre et heureux, comme on peut être riche et heureux. On peut aussi être malheureux, que l'on soit riche ou pauvre.

Si vous comptez sur la richesse pour trouver le bonheur, vous allez être déçu. Si vous comptez sur l'argent pour devenir plus fort, plus jeune, plus sexy, plus dynamique, plus intéressant, plus fringuant ou quoi que ce soit d'autre, vous allez être déçu. Je regrette, mais l'argent n'apporte rien de tout cela. C'est dans votre tête et dans la tête des autres que ces choses-là peuvent changer, pas dans la réalité. Certes, on peut réussir tout cela quand on a de l'argent, mais ce n'est pas à l'argent qu'on le doit. C'est d'abord dans la tête que tout se déclenche. L'argent n'est pas un remède, mais un placebo.

Qui n'a pas entendu parler d'une personne qui avait gagné au Loto et qui avait perdu tous ses amis, ou d'un magnat ruiné qui s'était suicidé, croyant que sa vie était fichue ?

En appliquant cette Loi et en comprenant le lien entre l'argent et le bonheur, vous éviterez de faire de telles erreurs. Vous vous demandez sans doute en quoi consiste précisément cette Loi. Vous vous demandez ce que vous devez faire ? Rien, si ce n'est d'éviter de croire que l'argent peut vous apporter tout ce qui vous manque. Ne vous imaginez pas non plus que certains achats vous rendront heureux. Le bonheur ne fait pas partie des éléments entrant dans la fabrication de cette superbe voiture dont vous rêvez. Sans aucun doute, en vous asseyant pour la première fois au volant de ce modèle, vous éprouverez un sentiment exaltant, mais ce sentiment ne fait pas partie de la voiture. C'est de vous qu'il vient. Certes, l'argent peut vous permettre de résoudre un certain nombre de problèmes qui vous rendaient malheureux. Cela ne peut pas aller beaucoup plus loin.

> L'argent n'est pas un remède,
> mais un placebo.

## Loi n° 15

# Sachez faire la différence entre prix et valeur

Un jour, j'ai demandé à mon merveilleux beau-père de m'expliquer comment une bouteille de vin que l'on paye cent euros dans un bon restaurant pouvait être vingt fois meilleure que la même bouteille vendue cinq euros dans un magasin.

J'ai trouvé sa réponse intéressante. Il m'a fait comprendre que ce n'était pas seulement le vin que l'on payait. Il y a l'ambiance, le service, la magie du lieu, la connaissance du sommelier et du serveur en matière de vins, la qualité de la décoration, le style et la classe, la tradition, les conditions de stockage des bouteilles et la bonne fréquentation de l'établissement.

Dans tout cela, ce n'est pas principalement du vin qu'il est question. C'est ce qu'il faut retenir. Nous croyons connaître le prix des choses, alors que leur valeur peut être sans commune mesure avec ce prix.

Je possède une vieille Mercedes (j'aime les Mercedes, mais je suis bien trop pingre pour m'en acheter une neuve). Je ne l'ai pas payée cher. Les gens ne veulent pas mettre un prix élevé dans ces voitures par peur des frais d'entretien, et il est vrai qu'ils sont chers sur une Mercedes, mais, d'un autre côté, il ne faut pas oublier qu'une voiture de bonne qualité occasionne peu de réparations. J'ai reçu la visite d'un ami qui venait de s'acheter une voiture neuve : une sorte de petite boîte avec un hayon, on aurait dit une mini-navette spatiale. Il a contemplé ma vieille Mercedes cabossée et s'est exclamé : « Mince alors, tu dois être plein aux as ! » Je me suis efforcé de lui expliquer que ce n'était pas le cas, et que sa voiture avait dû lui coûter cinq fois le prix de la mienne, mais il n'en démordait pas. En voyant ma voiture, il avait décidé qu'elle valait bien plus que son prix (le prix que je l'avais réellement payée). C'est ce jour-là que je me suis rendu compte que le prix d'un bien et sa valeur perçue pouvaient être deux choses complètement différentes.

Il ne faut pas oublier non plus qu'un bien ne vaut que ce que les gens sont prêts à payer pour l'acquérir. Pour un tableau, un prix de 500 euros dans un catalogue ne signifie rien si personne n'est disposé à payer ce prix pour l'acheter. C'est là une importante leçon. Pour vous comme pour quelqu'un d'autre, le prix d'un bien peut être très inférieur ou très supérieur à sa valeur réelle.

Si vous comptez devenir riche, et c'est sincèrement ce que je vous souhaite, avec l'aide des Lois présentées dans ce livre qu'il vous faudra mettre en pratique et sur lesquelles vous devrez travailler avec assiduité, ne manquez pas de bien réfléchir à la différence entre prix et valeur.

> Nous croyons connaître le prix des choses, alors que leur valeur peut être sans commune mesure avec ce prix.

## Loi n° 16

# Assimilez la manière de penser des gens riches

Il existe un test simple permettant de déterminer qui finira par être riche – ou qui l'est déjà. Il suffit d'observer la personne lorsqu'elle lit son journal :

- Notez de quel journal il s'agit.
- Notez les rubriques que cette personne lit.
- Notez les rubriques qu'elle ignore.
- Notez dans quel ordre elle lit les rubriques qui l'intéressent.

Faites aussi ce test pour vous-même. Chez les gens riches – pas ceux qui ont gagné au Loto ou touché un héritage (ce que j'appellerais la loterie divine), ni ceux qui le sont devenus par le mariage, mais ceux qui ont délibérément choisi de devenir riches – les faits suivants se vérifient invariablement :

- Ils s'achètent le journal le plus sérieux.
- Ils s'intéressent aux rubriques les plus sérieuses.
- Ils ignorent les rubriques divertissantes ou superficielles.
- Ils lisent en premier les rubriques consacrées à l'argent et au monde des affaires.

Si vous voulez sérieusement devenir riche, il vous faut apprendre à penser comme les gens riches. Apprenez leur jargon et leur langage, sachez où ils prennent leurs repas et où ils vivent, de quelle façon ils travaillent et se détendent, comment ils investissent et comment ils épargnent. En un mot, il s'agit d'étudier le monde de l'argent. Tâchez d'avoir des conversations avec les gens fortunés. Posez-leur des questions. Ayez soif de comprendre et de connaître. Lisez ce qui concerne les gens riches : leurs interviews et leurs autobiographies peuvent être riches d'enseignements.

Une sélection judicieuse d'ouvrages consacrés au monde de l'entreprise et à la finance peut aussi vous être profitable. Ne sachant pas ce que vous aimez lire, je me garderai de vous en recommander : trouvez lesquels vous correspondent. Vous pouvez aussi consulter les sites Web des journaux financiers, afin de suivre les plus récentes évolutions du marché monétaire. Informez-vous.

Peut-être tout cela vous paraîtra-t-il un peu trop indigeste ? Si, comme moi, vous aimez les cancans tout autant que les pages financières, vous ne deviendrez sans doute jamais richissime. Vous pourrez cependant, comme moi, vivre aisé, et peut-être vous amuser aussi. Prospérité et amusements, voilà ce qui me convient. Je crois que pour pouvoir amasser l'argent en grandes quantités, il faut vraiment que l'argent soit une passion. Il faut vivre d'argent, respirer l'argent et dormir dans de l'argent (*tout en ne perdant pas de vue la Loi n° 12*). La matière à étudier intensément, c'est l'argent.

**L'argent ou les distractions ?**
**Parfois, il faut choisir.**

## Loi n° 17

# Ne soyez pas envieux

Chacun se doit de se fixer ses propres objectifs. Chacun a ses propres ambitions. Chacun se doit de réfléchir à la quantité d'efforts qu'il est prêt à fournir pour s'enrichir. Chacun se doit de déterminer ses propres limites et de savoir ce qu'il est disposé à faire et à ne pas faire. Par conséquent, à quoi sert d'envier autrui ? Pour comprendre comment quelqu'un est devenu riche, encore faudrait-il savoir ce qu'il a fait, comment il l'a fait et ce qu'il fait actuellement. Encore faudrait-il savoir quels efforts il a pu y consacrer et quels sacrifices il a pu consentir.

Naturellement, on peut toujours contempler avec envie les fortunes acquises avec facilité : par le Loto, l'héritage ou le mariage (ou le divorce !) : c'est ce que nous faisons tous. Cependant, l'argent dûment gagné, cela ne regarde que la personne qui l'a gagné. C'est elle qui a fait le travail nécessaire. C'est elle qui a eu l'idée et qui a réalisé le projet. C'est elle qui s'est levée tôt le matin, pas nous. Les gens qui ont amassé une fortune ont été portés par leur volonté de réussir. Les envier est absurde ; en revanche, il y a beaucoup à apprendre d'eux.

Ce que nous pouvons apprendre d'eux, c'est aussi le meilleur cadeau qu'ils puissent nous offrir. Le mieux pour vous, ce serait de vous trouver un modèle, une personnalité ayant fait fortune par les moyens les plus légaux et les plus appréciables et qui vous guide et vous fasse bénéficier de son expérience. Naturellement, cette personne ne devra pas vous prêter d'argent.

Quand j'entends parler d'une personne richissime, j'essaie tout de suite de m'imaginer la façon dont elle a pu y parvenir et je me demande si la voie qu'elle a suivie pourrait être aussi la mienne. Quels indices pourraient me guider dans la recherche d'un objectif semblable, sachant que je ne souhaite l'atteindre que d'une manière légale et agréable ?

Il me semble que le respect de ces Lois consiste essentiellement à imiter ce genre de modèle : faites ce qu'ils font, et vous finirez comme eux.

En ce qui me concerne, j'ai mon modèle, quelqu'un qui vit des intérêts que lui rapportent les intérêts de son capital. C'est précisément mon objectif, et, dès qu'il s'agit d'argent, je le prends au mot.

Que les autres soient vos sources d'inspiration. L'envie n'est d'ailleurs pas ce qui distingue les gens qui suivent les bonnes règles – et dont vous faites désormais partie.

> Les envier est absurde ; en revanche, il y a beaucoup à apprendre d'eux.

## Loi n° 18

# Il est plus difficile de se gérer soi-même que de gérer son argent

Quelle connaissance avez-vous de vous-même ? C'est lorsqu'il s'agit d'arrêter de fumer, de perdre du poids, de retrouver la forme ou de devenir riche que pouvons découvrir qui nous sommes vraiment. C'est là que nous pouvons nous rendre compte que nous sommes paresseux, que nous manquons de volonté et de détermination, que nous nous laissons trop facilement décourager, etc.

S'il était question que je vous prenne sous mon aile et que je vous rende riche, les questions que je devrais vous poser tout d'abord seraient celles-ci : « Avez-vous ce qu'il faut pour faire fortune ? Avez-vous la motivation suffisante ? Travaillerez-vous assez durement pour cela ? Vous accrocherez-vous ? Avez-vous de la volonté ? Du courage ? De l'ambition ? Êtes-vous capable de vous concentrer durablement et sans relâche sur un objectif ? » Si ce n'est pas le cas, voyez-vous, vous avez peu de chances de réussir. Je n'essaie pas de vous décourager, mais de vous faire comprendre que gagner de l'argent est un savoir-faire que vous pouvez acquérir, dans la mesure où vous êtes disposé et motivé à apprendre les règles et à les appliquer méthodiquement.

Pour pouvoir remporter le championnat de Wimbledon, il faudrait que vous ayez commencé à jouer au tennis vers l'âge de cinq ans et que vous ayez gagné des championnats à quatorze ans. Un quinquagénaire en surpoids ne pourrait pas espérer arriver en finale. Avec l'argent, c'est la même chose.

Quand j'étais étudiant et sans le sou, j'avais un jour vendu un livre précieux, pour pouvoir manger. J'avais dû choisir, purement et simplement, entre posséder un objet qui allait prendre de la valeur, et qui me permettrait donc de m'enrichir, et m'offrir un bon repas. Comprenez-vous ? J'avais donc choisi d'être pauvre plutôt que riche. Récemment, j'ai aperçu le même livre dans une librairie, et en voyant à quel prix il était mis en vente, je me suis dit qu'à l'époque, je n'avais vraiment pas fait le bon choix.

Enfin, ce que j'ai remarqué, c'est que les gens qui réussissent – du moins, au début de leur parcours – sont très dynamiques et disposés à faire d'énormes sacrifices. Ils savent renoncer à des satisfactions immédiates pour obtenir davantage à long terme. Il importe de faire preuve de self-control et de savoir remettre à plus tard les gratifications.

Avez-vous ce qu'il faut pour faire fortune ?

# Devenir riche

Nous voici dans les eaux troubles et inexplorées de la deuxième partie de ce livre. Nous passons maintenant aux choses sérieuses. C'est ici que sont abordés les aspects vraiment pratiques. C'est le moment d'examiner votre situation, de tirer des plans et de commencer à agir.

Pour devenir riche, vous devez être très honnête avec vous-même et avoir la volonté d'investir votre temps et votre énergie dans la quête de la prospérité. Un certain nombre de ces Lois concernent le comportement, et changer de comportement n'est jamais facile. Certaines vous paraîtront d'une simplicité biblique, mais pour chacune d'elles, il faut que vous vous demandiez : « Même si je sais déjà cela, est-ce que je le mets en pratique ? » En effet, la volonté d'appliquer, d'agir et de produire un résultat est fondamentale.

## Loi n° 19

# Avant de commencer, il faut savoir où l'on en est

Pour pouvoir progresser, il est d'abord nécessaire de faire le point. Quand Robinson Crusoé a quitté son épave pour gagner la côte, il a commencé par recenser les provisions, les armes et les munitions dont il disposait. Il a pu ainsi faire le point sur sa situation et aller de l'avant.

À votre tour, vous allez gagner la côte et commencer une nouvelle vie. Vous devez donc commencer par faire le point. Déterminez ce dont vous disposez déjà, de quoi vous pouvez vous servir, ce que vous pouvez écarter, ce que vous devez à autrui, ce que l'on vous doit et quelle est votre valeur nette.

Nous allons effectuer un audit financier complet de votre personne et de votre vie. Quand on ne sait pas d'où l'on part, il n'est pas possible de progresser efficacement vers la prospérité. Un homme avisé prépare ses outils avant de se mettre au travail.

Il vous suffit de rassembler toute l'information : votre solde bancaire, vos crédits, vos avoirs. Calculez aussi vos dépenses mensuelles et annuelles (et analysez la façon dont vous dépensez cet argent).

Voici votre liste de contrôle. Vous devrez peut-être l'adapter à votre propre situation.

Pour obtenir un aperçu de votre situation actuelle, commencez par les principaux chiffres :

| Bilan initial | + | Libellé | – | Solde net |
|---|---|---|---|---|
| Loyers/mensualités | | | | |
| Crédits | | | | |
| Banque | | | | |
| Épargne | | | | |
| Prestations sociales | | | | |
| Prêts/découvert | | | | |
| Actifs/autos, etc. | | | | |
| Effets personnels : bijoux, etc. | | | | |
| Investissements | | | | |
| Dettes | | | | |

Une fois que vous avez obtenu cet aperçu, étudiez vos flux mensuels ou annuels de recettes et de dépenses : vous pouvez choisir la périodicité, mais il faut que ce soit la même pour tous les chiffres (mensuelle ou annuelle).

| Libellé | – | Solde |
|---|---|---|
| (Vos revenus) | | |
| Dépenses fixes périodiques (assurance, électricité, cotisations, dépenses alimentaires, etc.) | | |
| Dépenses variables périodiques (achats divers, vacances) | | |
| Totaux | | |

Ce tableau ne vous paraîtra peut-être pas très adapté à votre propre situation, mais vous avez sans doute compris le principe. Résistez à la tentation de sauter cet exercice. Même si votre situation financière n'est pas brillante, il importe que vous affrontiez la réalité, afin de pouvoir agir dans le bon sens et résoudre le problème.

> Pour pouvoir progresser, il est d'abord nécessaire de faire le point.

# Loi n° 20

# Un projet est indispensable

Pourquoi un idiot perd-il si facilement son argent ? Parce qu'il n'a pas de projet. Faute d'un projet, on peut être tenté de gaspiller son argent, de le dépenser au lieu de l'investir, ou d'oublier son idée d'entreprise ou de changement professionnel. Au contraire, si vous avez un projet, vous savez précisément ce qui cadre et ce qui ne cadre pas avec votre plan.

La Loi précédente vous a permis de déterminer votre situation présente, et vous savez déjà quel est votre objectif. Le projet joue un rôle important : il vous permet de savoir comment vous allez y parvenir. Reprenons l'analogie avec Robinson Crusoé. Après avoir fait l'inventaire de ce qui lui restait du naufrage, il avait dressé un plan. Il s'était dit qu'il avait besoin d'un abri, de nourriture et d'une activité. Il avait alors entrepris de construire sur la plage un abri. Naturellement, le premier vent violent l'avait détruit, si bien qu'il avait dû trouver un abri à l'intérieur des terres, dans une grotte. Cela montre que même les meilleurs plans doivent pouvoir être modifiés.

Prenons les choses dans l'ordre. Si vous avez un travail qui vous satisfait et si vous êtes heureux, vous voudrez sans doute ne rien changer. Si votre travail ne vous rapporte pas assez, il vous faut un plan pour trouver une autre source de revenu. Si vous ne vous en sortez pas financièrement, votre priorité doit être de vous en sortir.

Votre projet doit comporter la prise de contrôle de votre vie au plan financier. Si vous êtes endetté ou si vous avez trop de dépenses, résoudre ce problème fera bien évidemment partie de votre projet. Votre projet peut concerner un tournant dans votre carrière, une idée d'entreprise ou de produit, un investissement financier ou un investissement dans l'immobilier de location. Il peut s'agir aussi d'une activité commerciale. On peut produire beaucoup d'argent en vendant des produits, des services, ou son temps et ses compétences. C'est pour cela que j'aime ce métier d'auteur : même pendant mon sommeil, il y a quelque part dans le monde une librairie qui vend mes livres. Un des principes fondamentaux de l'enrichissement est que la richesse – la *vraie* richesse – s'obtient en effectuant des transactions, pas en percevant un salaire, des loyers ou des droits.

Comme le disait le général Patton, un bon plan aujourd'hui vaut mieux qu'un plan parfait demain. Quel que soit son contenu, assurez-vous d'en avoir un et de vous y tenir. Ne vous inquiétez pas, vous trouverez dans ce livre de nombreuses idées de plans. Simplement, sachez bien que vous ne devez jamais vous asseoir et attendre que quelqu'un vous donne de l'argent : jamais de la vie.

Le projet joue un rôle important :
il vous permet de savoir comment vous
allez y parvenir.

## Loi n° 21

# Exercez un vrai contrôle sur vos finances

Récemment, au Royaume-Uni, une interdiction d'utiliser les tuyaux d'arrosage a provoqué un énorme scandale. Sur le continent, cela peut sembler tout à fait incompréhensible. J'avoue que je trouve moi-même cette affaire incompréhensible. Au Royaume-Uni, des compagnies stockent l'eau dans des réservoirs et la vendent aux ménages. Ces réservoirs se sont récemment vidés, en raison d'un manque de pluie : du moins, en apparence. En réalité, il n'a jamais cessé de pleuvoir en Grande-Bretagne. On entend souvent dire que s'il existe une pénurie d'eau, c'est parce que les compagnies de distribution d'eau potable n'entretiennent pas leurs conduites et que le réseau fuit abondamment. Les malheureux citoyens se voient interdire d'arroser leur jardin. Ils affirment qu'il y a pourtant assez d'eau et qu'ils sont injustement punis. Voyez-vous où je veux en venir ?

Il se peut que vos revenus soient suffisants mais que votre argent, comme cette eau, soit gaspillé avant même que vous puissiez le dépenser. Les facteurs en cause peuvent être la fiscalité, les intérêts que vous versez, le fait que votre argent dorme (ou ne soit pas investi convenablement), ou des dépenses irréfléchies. Avant de pouvoir contrôler vos finances, vous devez faire cesser le gaspillage.

Si vous avez fait l'exercice de la Loi n° 19 (vous l'avez fait, bien sûr), vous disposez maintenant d'un relevé de vos opérations de carte de crédit. Vos dépenses sont-elles plus importantes que ce que vous auriez décidé d'accepter ? Probablement. Avec ce morceau de plastique, nous sommes tous tentés de faire des dépenses. Le débit différé, c'est bien séduisant. Vous voulez éviter le gaspillage ? Soldez tous vos crédits et optez pour le débit immédiat*.

Faites un rapide calcul pour déterminer ce que représentent les intérêts que vous versez. Faites de même avec votre loyer. Vérifiez que vous ne payez pas, par négligence, davantage que ce que vous devriez payer. Dès que les conditions initiales varient, il est bon de chercher quelles meilleures options peuvent exister sur le marché.

Gardez la trace de toutes vos dépenses. *Tout*. Comptabilisez tout pendant ne serait-ce qu'une semaine, pour voir où l'argent file. Si vous voulez devenir riche, il faut d'abord que vous sachiez où va votre argent. Si vous avez cru que ce serait facile et que ce livre serait rempli de trucs permettant de faire fortune rapidement, désolé de vous décevoir. Persévérez tout de même, et vous ne le regretterez pas.

Dans l'étude de votre situation financière, cherchez bien tout ce qui pourrait ne pas être visible et risquerait de vous échapper, comme par exemple des cotisations dont le montant serait trop élevé, des abonnements inutiles, un forfait téléphonique inadapté. Les gens riches ont l'œil pour tout voir, et ne négligent rien.

> Avant de pouvoir contrôler vos finances,
> vous devez faire cesser le gaspillage.

* Dépensez ce que vous pouvez vous permettre de dépenser, dans la limite du nécessaire, et surtout, ne faites pas de dépense inconsidérée. Entre la richesse et la frénésie de dépenses, il faut choisir. Vous avez déjà goûté à la frénésie de dépenses, comme tout le monde. À présent, choisissez la prospérité et vous verrez si ce n'est pas préférable. Il s'agit simplement de remettre les dépenses à plus tard, pas d'y renoncer à jamais. Plus tard, vous pourrez même dépenser davantage. Serrez-vous la ceinture tout en pensant à votre futur train de vie.

## Loi n° 22

# Pour pouvoir devenir riche, ayez l'apparence de quelqu'un de riche

Un jour, j'ai vu un homme qui examinait des annonces de postes à pourvoir. Il portait des tennis miteuses, un sweat-shirt avec une cagoule, il n'était pas rasé, et se tenait le dos voûté et les mains dans les poches. Aux entretiens d'embauche, fagoté de cette manière, il ne devait pas avoir beaucoup de succès. Sans doute devait-il ensuite se plaindre qu'il était victime d'une injustice, que la vie était dure, que le monde était mal fait, etc.

J'ai moi-même fait passer de nombreux entretiens d'embauche, et je n'ai jamais compris comment la plupart des candidats pouvaient si mal soigner leur présentation. L'absence d'effort est déconcertante, de même que l'absence de recherche et de motivation : « Pourquoi voulez-vous travailler dans cette société ? » « J' chais pas. » « Savez-vous ce que nous faisons ici ? » « Non, j' chais pas. »

Je ne veux pas passer pour un vieux réactionnaire, mais je ne peux pas manquer de remarquer que l'absence d'effort et l'absence de résultat sont directement liées. Les pauvres ont l'air pauvre. Ils n'y sont pourtant pas obligés. Ils se stigmatisent par leur tenue vestimentaire. S'ils en changeaient, tout changerait, car leurs interlocuteurs les verraient autrement et réagiraient autrement. Nous ne sommes pas très éloignés des grands singes, chez qui on règle ses rapports avec l'autre en fonction de la gestuelle et de l'allure de celui-ci. Celui qui paraît faible et nécessiteux est traité comme tel. Le fort arbore une posture fière et semble avoir confiance en lui. Tous, nous devrions paraître forts et confiants.

Mais comment peut-on s'habiller comme une personne aisée, si l'on n'en a pas les moyens ? Allons, allons. De votre part, je peux espérer mieux. Réfléchissez un peu plus subtilement. Les grands singes réussissent sans aucun vêtement. Il s'agit plus de votre façon de vous exprimer que de ce que vous portez. Il s'agit de l'image globale que vous donnez.

Cela ne veut pas dire que vous pouvez réussir en vous habillant n'importe comment. S'habiller convenablement est à la portée de tous. Empruntez un costume correct, ou achetez des vêtements corrects bon marché (non, n'achetez pas un costume coûteux avec votre carte de crédit !). Pour l'entretien de recrutement qui m'a permis de décrocher mon premier emploi dans un casino, j'avais dégoté dans une vente de charité une magnifique veste croisée, avec de larges revers de satin – et un beau nœud papillon qu'il fallait nouer soi-même (je n'aime pas ces cochonneries montées sur des élastiques). Je m'étais entraîné pendant des heures à le nouer, jusqu'à ce que je parvienne à le faire comme il fallait, et le premier soir, je ressemblais davantage à James Bond qu'au stagiaire que j'étais. J'avais fait une impression incroyable. Évidemment, ce n'était pas la tenue qu'il fallait et j'avais dû aller m'acheter le lendemain un costume noir tout simple, mais les gens avaient désormais de moi l'image d'un homme distingué, élégant et soigné. C'est aussi ce qui m'a permis de décrocher un emploi en or, bien que je n'aie pas la qualification requise. C'est un truc efficace. Habillez-vous comme si vous étiez riche, et les gens penseront que vous l'êtes et vous traiteront en conséquence. Au contraire, si vous avez l'air d'un misérable, vous n'obtiendrez pas grand-chose des gens. Enfin, dans tous les cas, évitez le clinquant. Les riches stars du rap peuvent se le permettre, mais pas vous, ni moi. Il s'agit d'opter pour l'élégance sobre, le raffinement, la classe et la simplicité et d'avoir une bonne coupe de cheveux et des ongles impeccables. Vous voyez ce que je veux dire.

> Il faut paraître fort et confiant.

# Loi n° 23

# Spéculez pour accumuler (non, ce n'est pas de jeu qu'il s'agit)

Nous connaissons tous cette histoire de l'acteur ou de l'actrice qui accède à la célébrité du jour au lendemain après avoir décroché un rôle. Les gens se disent que cette personne a eu de la chance. De la chance ? Elle a participé à tous les spectacles organisés par son école, elle a étudié l'art dramatique, elle s'est donné du mal pour tenir un rôle dans quelque mauvais feuilleton, elle s'est épuisée sur une scène et a accepté des rôles de figurant, elle a participé tous les ans à une animation de Noël, tout cela avant d'obtenir enfin un rôle vraiment intéressant, dans un film au succès mérité. Et après tout cela, on dit qu'elle a eu de la chance ?

Devenir riche, c'est un peu la même chose. Pendant des années, vous vous serrez la ceinture, vous économisez sou après sou, vous faites des sacrifices, vous travaillez dur, vous peinez, et enfin, un beau jour, la chance vous sourit : quelle merveille, le destin vous est tout à coup favorable !

En vérité, pour accumuler, il faut spéculer. Pour gagner, il faut rogner. Sans mise, pas de prise. Non, il ne s'agit pas de jouer au casino, ni ailleurs. Investir dans des actions après avoir pris conseil et étudié la santé et la performance des sociétés cotées en Bourse serait la forme de jeu la moins risquée. Jouer à la roulette et tout miser sur le rouge, ce serait un jeu très risqué. En revanche, travailler dur pendant vingt ans pour finalement recueillir les fruits de tous ces efforts, cela ne s'appelle pas jouer.

Le verbe spéculer, en réalité, peut avoir quatre sens différents : discuter, réfléchir profondément, investir, et croire en quelque chose de pas très sûr. Je crois que tout cela résume notre cheminement vers la prospérité.

- **Discuter :** s'entretenir de la richesse avec tout le monde et savoir ce que les autres pensent et ce qu'ils font. Étudier soigneusement leurs faits et gestes.
- **Réfléchir profondément :** acquérir une perception claire de son sujet.
- **Investir :** y consacrer son temps, ses efforts, sa vie.
- **Croire en quelque chose de pas très sûr :** il n'existe pas de garanties, mais vous devez pouvoir augmenter considérablement vos chances si vous suivez les règles que d'autres ont établies pour vous.

Vous avez peut-être pensé que je vous proposais de spéculer avec votre argent durement gagné. Ce n'est pas cela. Je vous propose de spéculer avec votre temps et vos efforts, de prévoir et de planifier, d'y consacrer votre énergie et votre volonté. Plus vous en mettrez, plus vous en retirerez.

D'un autre côté, vous pouvez aussi aller miser tout votre argent sur le rouge. Je blague.

> Vous peinez pendant des années,
> et un beau jour, la chance vous sourit.

## Loi n° 24

# Décidez quelle attitude vous allez adopter face au risque

Mon message est-il que l'on ne peut s'enrichir que par des investissements risqués ? Pas du tout. S'agit-il, au contraire, d'éviter les risques et de garder précieusement chaque euro ? Pas davantage.

Mon message, c'est que c'est à vous de savoir quel est le degré de risque qui vous convient. Ce n'est pas à moi de le définir à votre place. C'est à vous de déterminer l'attitude que vous devez adopter et le niveau de risque que vous devez accepter. Personnellement, j'adore *l'idée* de jouer avec le risque financier mais, en pratique, je préfère rester prudent et éviter le risque. Je trouve que les systèmes risqués, qui peuvent vous permettre aussi bien de tout perdre que de faire fortune, sont assez séduisants, mais je ne cède pas à ce genre de tentation. J'ai de jeunes enfants, et ils sont prioritaires dans mes préoccupations.

Une fois que vous avez déterminé votre propre politique en matière de risque, il vous est plus facile de planifier la façon dont vous allez vous enrichir. Plutôt comme le lièvre ou plutôt comme la tortue.

Bien évidemment, votre politique variera en fonction du projet. Les facteurs à prendre en considération sont les suivants :

- **Votre âge** – Plus on est jeune, mieux on affronte le risque.
- **Vos obligations familiales** – Si, comme moi, vous avez des enfants en bas âge, vous êtes dès lors moins disposé à prendre des risques. Le jour où ils auront tous quitté le domicile de leurs parents, vous pourrez peut-être commencer à en prendre davantage.

- **Vos ressources et vos avoirs** – Il importe que vous déterminiez le pourcentage de votre richesse que vous êtes prêt à risquer. Plus vous êtes aisé, plus le risque diminue, sauf, bien sûr, si vous risquez la totalité de vos avoirs.

Si vous êtes disposé à prendre des risques, tâchez de vous couvrir. Souscrivez éventuellement une police d'assurance.

- Ne mettez pas tous vos œufs dans le même panier (j'y reviendrai).
- Déterminez la quantité de stress et de fébrilité que vous pouvez supporter.
- Considérez l'aspect temporel : arbitrez entre le long terme et les retours rapides sur investissement.
- Réfléchissez aux sommes que vous pouvez vous permettre de risquer. Envisagez toujours la pire des éventualités.
- Assurez-vous de pouvoir disposer d'une information suffisante : trop peu d'information signifie davantage de risque.

Il convient aussi de déterminer quelle est votre attitude face aux impondérables. La vie est faite de risques, et rien n'est certain. Comment réagissez-vous en cas de problème ? Êtes-vous positif, dynamique, enthousiaste et plein d'entrain ? Ou vous enfoncez-vous dans le défaitisme et dans la dépression ? Voyez-vous le verre à moitié plein, ou à moitié vide ? Apprenez à bien vous connaître et n'oubliez pas que le risque n'est pas nécessairement une mauvaise chose. Le risque, c'est simplement le fait de ne pas savoir comment les choses vont se terminer.

C'est à vous de déterminer le niveau de risque qui vous convient.

# Loi n° 25

# Ne traitez pas avec quelqu'un qui ne vous inspire pas confiance

Cette Loi est vraiment très simple : ne pas travailler avec des gens en qui vous n'avez pas confiance. Que dire de plus ? Ce principe s'applique aussi aux entreprises, aux grandes compagnies, aux administrations, etc. Pourquoi ne pas avoir confiance ? Parce que quelque chose vous semble suspect et parce qu'une petite voix, en vous, vous suggère de vous méfier. Les signes sont parfois évidents, mais bien souvent ils ne le sont pas. Il s'agit surtout de vous servir de votre intuition, de savoir écouter cette petite voix qui est en vous.

Si vous sentez que quelque chose ne va pas, passez votre chemin. Votre inconscient capte de petits indices qui ne trompent pas. Si vous les ignorez, vous le regretterez à coup sûr. Cela m'est arrivé. Cela nous est arrivé à tous. Cela a failli m'arriver encore l'autre jour. J'ai failli acheter une auto à un concessionnaire véreux. Je savais qu'il était véreux, mais je voulais cette voiture. Je savais qu'il y aurait un vice caché. Qu'est-ce qui nous pousse à ignorer tous ces avertissements ? J'ai fait ce qu'il fallait : j'ai téléphoné à un ami, lequel m'a dissuadé de conclure l'affaire. Je lui en suis reconnaissant.

Vous pouvez appliquer cette Loi à un grand nombre de situations. Si un patron ne vous inspire pas confiance, ne travaillez pas pour lui. Si une puéricultrice ou une nounou ne vous inspire pas confiance, ne lui confiez pas votre enfant. Si un conseiller financier vous met mal à l'aise, allez plutôt en consulter un autre.

Vous pouvez choisir ce que vous allez faire et la façon dont vous allez vous y prendre, mais si vous voulez être quelqu'un qui sait appliquer les bonnes règles, soyez sûr de vous, défendez ce que vous savez être vrai et n'acceptez jamais aucun compromis. Écoutez votre intuition, soyez le plus grand, le plus audacieux, le plus brave. Quand vous avez l'impression que quelque chose ne va pas, c'est sans doute que quelque chose ne va vraiment pas. Si vous ne vous sentez pas suffisamment à l'aise avec la personne que vous avez en face de vous, trouvez une échappatoire.

Si ça ressemble à un canard, si ça nage comme un canard et si ça cancane comme un canard, c'est qu'il s'agit sans doute d'un canard. Passez votre chemin. Gardez une main sur votre portefeuille et prenez vos jambes à votre cou.

Écoutez votre intuition, soyez le plus grand,
le plus audacieux, le plus brave.

# Loi n° 26

# Il n'est jamais trop tard pour commencer à s'enrichir

Parfois, on a vite fait de croire qu'on est prisonnier de sa destinée. Ou bien, on se dit qu'on aurait dû souscrire à une assurance-vie dès l'âge de vingt-cinq ans et effectuer ensuite des versements réguliers, et qu'à présent, il est trop tard. En réalité, nous pouvons toujours changer tout ce que nous voulons changer : il n'est jamais trop tard pour commencer à s'enrichir.

Rappelez-vous la Loi n° 1 : tout le monde peut gagner de l'argent. Il n'y a aucune limitation d'âge, ni aucune autre limitation liée au temps. Il suffit que vous décidiez de devenir riche et que vous vous y consacriez, pour qu'un processus se mette en marche et que les événements se succèdent sans que vous n'ayez rien à faire de plus. Évidemment, plus vous en voudrez et plus vous devrez en faire, mais vous serez sur la voie de la prospérité. Ce principe est universel.

Quel que soit le temps pendant lequel vous avez suivi une certaine tendance et connu la pauvreté, l'échec, etc., il est toujours possible de changer le cours des choses. Il n'est jamais trop tard. Un gros navire a besoin d'une certaine distance pour s'arrêter, mais il suffit de modifier l'orientation de la barre d'un ou deux degrés pour se retrouver bientôt dans une direction complètement différente.

Dans ce domaine comme presque partout, un petit changement dans l'angle de la trajectoire se traduit par un changement final d'autant plus important que cette trajectoire est longue.

Il n'est jamais trop tard, non plus, pour commencer à investir : dans des valeurs boursières, dans des parts de capital, dans des assurances-vie, dans un style de vie, dans la qualité, dans votre propre personne, dans la vie elle-même. En restant actif et dynamique, nous évitons le déclin auquel l'inactivité et l'apathie condamnent les personnes qui vieillissent. Mon beau-père (qui est toujours pour moi une source d'inspiration) a démarré une nouvelle activité professionnelle à l'âge de soixante-quinze ans, et il ne s'agissait pas d'une simple occupation mais d'une nouvelle technologie avec laquelle la plupart des quinquagénaires ont des difficultés à se familiariser.

Cependant, si vous pensez qu'il est trop tard, alors il est probablement trop tard. Le secret, c'est de ne jamais avoir ce genre de pensée. Si vous pensez que vous risquez d'abandonner votre projet, alors vous l'abandonnerez très probablement. N'ayez pas cette idée. Vous avez entrepris de lire ce livre pour vous enrichir, comme j'ai entrepris de l'écrire pour vous permettre de vous enrichir et pour m'enrichir également. J'ai fait ma part, je l'ai écrit. Si vous entrevoyez des obstacles – que ce soit un problème d'âge, de sexe, d'origine ethnique ou de capacité – vous êtes mal parti. Faites table rase de ces préjugés et faites-moi confiance. Il n'est jamais trop tard pour commencer. Commencez tout de suite.

Il n'est jamais trop tard, non plus, pour commencer à investir : dans des parts de capital, dans des assurances-vie, dans un style de vie, dans la qualité, dans votre propre personne, dans la vie elle-même.

# Loi n° 27

# Commencez jeune à épargner (ou apprenez cette Loi à vos enfants s'il est trop tard pour vous)

Certes, pour commencer jeune à épargner, c'est peut-être trop tard. Il n'est pas possible de revenir en arrière, mais vous pouvez apprendre à vos enfants combien il est important de le faire. Il ne s'agit pas de se serrer la ceinture pour pouvoir épargner. Épargner est quelque chose que l'on devrait faire naturellement. Je suppose qu'on apprend vite à épargner quand on travaille à son propre compte, sinon on fait faillite. À partir du moment où l'on perçoit un revenu, on doit mettre une partie de l'argent de côté pour payer ses impôts, faute de quoi on se retrouve rapidement aux abois. L'épargne, c'est ce qui reste de l'argent mis de côté. Naturellement, on ne commet l'erreur qu'une ou deux fois, après quoi on n'oublie plus.

Mon sentiment est que le plus simple est d'utiliser un « chiffre ». Pour ma part, ce chiffre est 50 %, à savoir que je place tout de suite sur un compte d'épargne la moitié de tout ce que je gagne. Ainsi, je n'ai même plus besoin d'y penser. De temps à autre, je transfère ce qu'il reste sur un second compte d'épargne, à partir duquel je peux transférer des sommes vers d'autres types de placements.

Pour moi, c'est là un moyen pratique d'épargner. Je n'ai pas besoin de trop y réfléchir. C'est une méthode que je peux transmettre à mes enfants, je peux leur apprendre à ne dépenser que la moitié de leur argent de poche et à épargner l'autre moitié. J'espère que cela deviendra chez eux une sorte de réflexe, et cet argent épargné leur sera utile plus tard, quand ils seront à l'université par exemple.

J'aurais vraiment voulu commencer jeune à épargner, et j'aurais aimé qu'on m'apprenne à le faire. Parmi les personnes prospères, nombreuses sont celles qui déclarent avoir pris très tôt de bonnes habitudes en matière de gestion de leurs avoirs. Il semble que ce soit un aspect essentiel de l'enrichissement.

Je trouve fascinant de voir comment mes propres enfants apprennent à gérer leur argent. On dirait qu'il existe une prédisposition génétique à dépenser ou à épargner. Dans ce domaine, nous avons tendance à ne pas faire de distinction entre un enfant et un autre, alors que l'un aura une grande facilité à épargner tandis qu'un autre sera éperdument dépensier, et un troisième sera incapable d'accorder de l'importance à l'argent.

Je suis persuadé que l'on peut corriger la plupart des carences par l'éducation. Plutôt que de critiquer les autres, il faut travailler à changer les choses. Il s'agit d'assumer ses responsabilités et de progresser soi-même. Sauf que, pour devenir ordonné, je doute parfois que le principe s'applique.

> L'épargne, c'est ce qui reste
> de l'argent mis de côté.

## Loi n° 28

# Vos besoins financiers ne sont pas les mêmes aux différents stades de votre existence

Nos préoccupations et nos choix peuvent varier en fonction de notre âge et de notre culture d'appartenance. Avant vingt ans, par exemple, on est généralement frivole et l'éducation n'est pas finie. Entre vingt et trente-cinq ans, ce peut être la période pendant laquelle on fonde une famille. Entre trente-cinq et cinquante-cinq ans, ce peut être le moment de développer sa propre entreprise et de faire fortune. Ensuite, ce peut être le temps de la contemplation et de la retraite.

De façon générale, vos besoins financiers changent avec le temps, selon les événements de votre existence et selon vos choix en matière de style de vie. Quand vous élevez vos enfants, vos besoins sont sans doute plus importants, mais peut-être est-ce aussi le moment où vous êtes le plus à même d'affronter l'adversité.

Peut-être est-ce au moment où vos enfants font leurs études qu'il vous faut financer davantage leur train de vie. Arrivé à la retraite, vous pouvez à nouveau limiter vos besoins, à moins que vous soyez pris d'une frénésie de luxueuses croisières autour du monde.

Il s'agit donc ici de savoir où vous en êtes et quels sont vos besoins. Il s'agit aussi pour vous d'avoir conscience que les facteurs dont dépendent vos besoins évoluent et sont amenés à évoluer.

Il est donc utile de planifier un peu l'avenir tout en gardant cette idée à l'esprit. Si vous êtes tenté d'investir toute votre épargne à long terme, pensez que vous risquez d'avoir à tout moment un besoin d'argent et qu'il ne faut pas que tous vos avoirs soient bloqués.

Faites un exercice rapide, répondez aux questions suivantes : Où en êtes-vous ? De combien avez-vous besoin ? Quelle sera pour vous la prochaine étape ? De combien aurez-vous alors besoin ?

> Nos préoccupations et nos choix peuvent varier en fonction de notre âge.

# Loi n° 29

# Travaillez dur afin de devenir assez riche pour ne pas avoir besoin de travailler dur

Je ne saurais insister trop sur l'importance que j'attache à cette Loi. Je prends modèle sur les grosses fortunes et j'en suis arrivé à la conclusion que chacun de ces milliardaires s'était démené pour réussir. Souvent, ils ont commencé tôt, ils ont travaillé tard le soir et ils ont consenti d'importants sacrifices. Ils n'ont pas pris leur temps pour déjeuner et déguster ensuite un café, ils n'ont pas gaspillé un seul moment. Ils ont donné de leur personne. Si votre décision de vous enrichir est sérieuse, vous devez faire de même. Vous allez devoir travailler dur afin de devenir assez riche pour ne plus avoir besoin de travailler dur, mais vous allez d'abord devoir travailler.

Quel est donc votre degré de motivation ? Dans quelle mesure êtes-vous sérieux ? C'est ici qu'il faut séparer le bon grain de l'ivraie, distinguer l'homme adulte du gamin, la femme adulte de la jeune fille, le suiveur du leader.

Vous êtes toujours là ? Bien. À l'évidence, vous êtes motivé. Si vous êtes disposé à y consacrer le nombre d'heures nécessaire et à occuper ces heures de la façon la plus productive, vous devez réussir : peut-être pas immédiatement, peut-être pas dans votre tout premier projet, mais en travaillant dur, vous y parviendrez. Comment puis-je le savoir ? Je peux le savoir parce que c'est ce que j'ai fait. Je suis parti de rien, j'ai travaillé dur et pendant longtemps, et j'ai choisi consciencieusement sur quoi je devais faire porter mes efforts. Aujourd'hui, je suis riche. Au premier abord, cela ressemble à de la chance, mais c'est parce que je donne cette apparence à la chose. Dans *Les 110 règles d'or du travail*, j'ai parlé de paraître détendu, tranquille, de donner l'impression de ne pas faire d'effort. C'est quelque chose que j'ai beaucoup travaillé et que je pratique toujours. Souvent, je me remets au travail très tard le soir, une fois que toute ma maisonnée dort, ou bien je me lève très tôt le matin. Ne le dites à personne ! J'aime cette réputation que j'ai d'être un tire-au-flanc, un traîne-savates, un flemmard. En réalité, je mouille ma chemise, et c'est ce que vous allez devoir faire également.

Le secret pour être admis dans le club des riches, le voici : il faut travailler comme vous n'avez encore jamais travaillé. Travailler comme si personne ne vous regardait. Travailler comme si vous n'aviez pas de patron. Travailler comme si c'était votre vie qui était en jeu. Il y a un deuxième secret : il faut que ce soit agréable. Si c'est pour vous une corvée, vous ne réussirez pas.

Ici, je voudrais ajouter quelque chose de très important : je ne prétends pas qu'il soit possible de devenir riche en travaillant dur quelle que soit votre activité. Un agent de nettoyage qui touche le Smic ne deviendra pas riche en travaillant intensément comme agent de nettoyage. En revanche, il pourra devenir riche s'il crée sa propre société de nettoyage et s'il travaille très dur à la faire décoller.

Ce que je suis en train de vous dire, c'est que même si vous avez une idée de génie concernant un nouveau produit ou si vous avez de l'argent à investir dans des parts de capital, vous ne maximiserez votre rentabilité que si vous travaillez très dur à concrétiser votre idée ou à investir votre argent judicieusement et à le gérer avec toute la prudence nécessaire. Les efforts d'abord, les dividendes ensuite.

> Ils n'ont pas regardé la télévision le soir.
> Ils ont donné de leur personne.

## Loi n° 30

# Maîtrisez l'art de faire des affaires

Faire des affaires, c'est un plaisir. Faire des affaires, c'est un moyen de s'enrichir. Si vous savez vous y prendre, cela vous sera toujours utile. Il s'agit pour vous d'apprendre à être audacieux, à réclamer davantage et à échanger dans les meilleures conditions ce que vous avez contre ce que vous désirez.

Voici un exemple pratique de négociation réussie. Kyle MacDonald, de Montréal, au Canada, a entamé une série de trocs en cédant un trombone rouge, pour finalement obtenir une maison en l'espace de neuf mois. Pour plus de détails, vous pouvez consulter le site http://oneredpaperclip.blogspot.com/, mais pour l'essentiel, voici comment il a procédé :

- Il a lancé son site internet en proposant d'échanger son trombone rouge contre un objet quelconque.
- Il l'a échangé contre un stylo vert en forme de poisson.
- Il a échangé ce stylo contre un bouton de porte sur lequel était gravé un visage souriant.
- Il a échangé ce bouton de porte contre un barbecue portatif.
- Il a échangé ce barbecue contre un générateur portatif.
- Il a échangé ce générateur contre un bidon de bière et une enseigne lumineuse.
- Il a échangé cela contre un scooter de neige.
- Il a échangé ce scooter de neige contre un voyage en Colombie britannique.

- Il a échangé ce voyage contre un camion.
- Il a échangé ce camion contre un contrat pour un rôle dans un film.
- Il a échangé ce contrat contre la location d'une maison à Phœnix, dans l'Arizona – ou plus exactement, à ce qu'il paraîtrait, contre un an de loyer, mais tout de même…
- Enfin, trois échanges plus tard, il obtenait une maison à Kipling Saskatchewan.

Quatorze étapes. Quatorze petits trocs. Il s'est bien débrouillé, non ? Il a déclaré qu'il allait continuer jusqu'à se retrouver propriétaire d'une maison. Voilà ce qui s'appelle faire des affaires.

Quelles leçons pouvons-nous tirer de l'histoire de Kyle ?

- Ne jamais dire qu'on n'a rien à investir.
- Être toujours ouvert aux opportunités.
- Être souple d'esprit et savoir s'adapter.
- Avoir un objectif.
- Travailler avec assiduité.
- Communiquer et échanger au maximum.
- Profiter des possibilités de publicité gratuite.

Dans mon métier, je préfère parler de « partenariats mutuellement profitables ». Ces échanges qui profitent aux deux parties sont ce qu'il existe de mieux : chacun est heureux du résultat.

Que possédez-vous, qui pourrait intéresser quelqu'un d'autre ? Voyez large, ne pensez pas simplement aux objets et autres biens que vous possédez, comme Kyle. Pensez aussi à vos compétences et à votre savoir, à votre temps et à vos capacités. Qui cela pourrait-il intéresser, et que pourriez-vous désirer obtenir en échange ?

> Que possédez-vous, qui pourrait intéresser quelqu'un d'autre ?

## Loi n° 31

# Apprenez l'art de la négociation

Si vous avez l'intention de faire des affaires, de vendre ou de troquer, il faut que vous appreniez l'art de la négociation. Fondamentalement, il s'agit de donner à votre interlocuteur le sentiment que l'échange est aussi profitable pour lui que pour vous.

J'aime la notion de partenariat. Mon objectif n'est vraiment pas de saboter les plans d'autrui. Je m'imagine que nous pouvons tous progresser ensemble et qu'il n'y a pas de raison pour que quelqu'un y perde. Quand je souhaite vendre quelque chose, je souhaite que mon acheteur y trouve son compte et qu'il en profite. Vendre et disparaître, très peu pour moi. Je préfère pouvoir continuer à vendre et avoir une bonne réputation.

L'art de la négociation vous servira dans bien des situations, qu'il s'agisse de négocier une simple augmentation de salaire, de négocier dans le cadre de votre relation avec un associé ou de négocier avec vos enfants sur le montant de leur argent de poche. C'est ce qui vous permettra d'aboutir sans heurt à un accord et d'obtenir ce que vous vouliez, votre interlocuteur obtenant également ce qu'il voulait : ce sera gagnant-gagnant.

Pour cela, vous devez assimiler un certain nombre de règles :

- Déterminez toujours votre seuil : le point au-delà duquel vous ne négocierez pas.
- Sachez toujours ce que vous voulez.

- Recherchez toujours une situation gagnant-gagnant.
- N'oubliez pas qu'une négociation ne concerne jamais uniquement du matériel : elle a aussi d'importantes implications émotionnelles.
- Sachez quelle est l'importance de chaque élément : sur quoi vous pouvez céder, sur quoi vous ne pouvez pas céder.
- Soyez toujours préparé à céder sur certains points pour en préserver d'autres : restez flexible et fluide.
- Sachez-en toujours le plus possible avant de vous lancer : dans ce genre de situation, savoir, c'est pouvoir.
- Sachez comprendre ce qui n'est pas dit, tout autant que ce qui est dit : soyez attentif au langage corporel de votre interlocuteur et aux expressions de son visage.
- Restez patient et décontracté.
- Négociez tout de suite pour obtenir ce que vous voulez : il ne sera pas possible de négocier après coup, personne n'acceptant de revenir sur un contrat signé.
- Déterminez avec précision ce que veut votre interlocuteur et cachez ce que vous-même désirez obtenir.
- Ne faites pas de concessions, mais négociez des concessions.
- Créez de nouvelles variables : des remises, des conditions de paiement, des étapes, etc.
- Partez du meilleur résultat auquel vous puissiez prétendre : il vous sera facile ensuite de rabaisser vos prétentions.

Je suis toujours frappé de voir comme les gens ont tendance à se retrouver dans des situations – qu'il s'agisse du travail, de leur vie sentimentale ou d'autre chose – sans avoir d'abord réfléchi pour savoir dans quoi ils allaient s'embarquer, ce qu'ils allaient en tirer, ce qu'allait en tirer l'autre partie et quelle pouvait être l'issue. Il importe de discuter de ces choses-là. Ne laissez rien dans l'ombre. Il n'est jamais souhaitable que votre interlocuteur se livre à des suppositions.

> Vendre et disparaître, très peu pour moi.
> Je préfère pouvoir continuer à vendre
> et avoir une bonne réputation.

# Loi n° 32

# Les petites économies ne vous rendront pas riche, elles vous rendront misérable

Faut-il économiser les bouts de chandelle ? Je ne le crois pas. Faire de petites économies dans le but de s'enrichir, cela ne peut rien donner de bon. Cela ne vous rendra pas plus riche. Au contraire, cela vous rendra misérable, et ce n'est pas ce que l'on peut vous souhaiter pour commencer la journée. Il vous faut un bon petit déjeuner et une attitude positive. En renonçant à votre café au lait quotidien, vous pourrez perdre du poids et absorber moins de caféine, mais ce n'est pas ainsi que vous deviendrez riche. Vous risquez surtout de vous gâcher l'existence.

Mais alors, cette idée d'économiser sou à sou ? C'est sans doute une invention des puritains, pour qui tout ce qui était agréable était condamnable. Certains trouvent leur satisfaction dans la frugalité mais, à moins que ce soit votre cas, ne vous refusez pas les petits plaisirs de l'existence. Ne croyez pas que c'est ainsi que l'on devient riche.

Et cependant, n'ai-je pas écrit précédemment que les riches ne laissaient rien passer et qu'il fallait chasser tout gaspillage d'argent ? Oui, mais ce n'est pas la même chose. Il est souhaitable de mettre de l'ordre dans ses finances, mais pas de se priver de dépenses. Évitez de perdre de l'argent par négligence, mais ne vous refusez pas les petits plaisirs qui enrichissent l'existence. Si vous n'avez pas les moyens de vous offrir ce que vous désirez, achetez moins, moins souvent, mais ne renoncez pas à votre qualité de vie. Sachez de quoi vous avez réellement besoin, mais ne vous imaginez pas que vous deviendrez plus riche en renonçant à toutes sortes de petites dépenses. Vous ne feriez que vous enfermer dans le cercle vicieux de la pénurie et dans un état d'esprit peu propice à l'enrichissement.

Les gens riches ne sont pas des gens qui se privent de tout. Certains sont avares, certes, mais même lorsqu'ils veillent sur leur argent avec un soin maniaque, ils ne s'achètent pas de la confiture au rabais en s'imaginant que cela leur permettra de faire grossir leur fortune.

La privation des petits plaisirs de l'existence, c'est comme un régime trop sévère : ce n'est pas tenable. Accordez-vous des petites satisfactions. Qui d'autre que moi vous le dira ?

> Renoncer à votre café au lait quotidien
> n'est pas ce qui vous permettra
> de devenir riche.

## Loi n° 33

# Travailler pour les autres peut vous enrichir, mais pas toujours

Pour la plupart d'entre nous, nous pensons que travailler pour quelqu'un d'autre n'est pas ce qui permet d'accéder à la prospérité : qu'on ne peut devenir riche qu'en travaillant pour son propre compte. Bien souvent, c'est exact. La rétribution horaire d'un travail est toujours limitée. Certains, cependant, se débrouillent très bien avec ce système.

Ne négligeons pas le fait que le salariat puisse être pour nous la meilleure voie. Nous ne devons pas nécessairement diriger notre propre entreprise. Nombreux sont ceux qui font fortune tout en restant salariés, comme par exemple un de mes amis qui travaille dans un grand groupe d'assurance et qui gagne énormément d'argent, grâce à de fortes commissions. Il me dit qu'il ne pourrait pas avoir une situation meilleure en travaillant à son propre compte.

Dans le secteur de l'informatique, nombreux sont ceux qui ont choisi de travailler en *free-lance* parce qu'ils pensaient pouvoir ainsi gagner bien davantage. Un certain nombre, face à une pénurie de contrats, se sont retrouvés dans une situation bien moins enviable que lorsqu'ils étaient salariés. Pour d'autres, cependant, cette formule s'est révélée bénéfique et ils ont touché des revenus appréciables.

Je crois qu'ici, il convient surtout de garder l'esprit ouvert et de ne pas se laisser aveugler par des présupposés. Si vous vous obligez à travailler en indépendant alors que ce n'est pas la voie qui vous convient, vous risquez d'être assez malheureux. Peut-être devez-vous accorder la priorité à la stabilité d'emploi et vous y tenir.

L'inverse est tout aussi vrai : travailler à votre compte peut être le moyen de vous enrichir, mais pas nécessairement. Près des deux tiers des créations d'entreprises se terminent par une faillite dans les trois ans. Regardez autour de vous, vous trouverez de nombreux exemples de petits entrepreneurs confrontés à de grosses difficultés. C'est le choix de l'incertitude totale. Les possibilités de gains sont généralement plus importantes, mais pas dans tous les cas. Il s'agit d'étudier la chose de très près et de bien savoir quel type d'entreprise conviendrait, quelle est la demande, quel est le bon moment, quels efforts sont nécessaires, etc.

Analyser les avantages et les inconvénients du travail à son propre compte sortirait du cadre de ce livre. Je dirai simplement qu'il est bien plus enthousiasmant de travailler dur pour soi-même que de le faire pour le compte d'autrui. Toutefois, notre objectif est la richesse, pas l'affranchissement de toute contrainte hiérarchique. Restons donc ouverts à toute possibilité qui s'offre d'atteindre ce but. Être salarié ou être indépendant ? Tout dépend quelle formule vous permettra de vous enrichir le plus facilement, le plus rapidement, le plus astucieusement. Enfin, il n'y aucune raison pour que votre gagne-pain actuel soit nécessairement le moyen pour vous d'accéder à la richesse.

Le secret est de rester ouvert à toutes les opportunités de devenir riche. Par ailleurs, rester salarié n'empêche pas de faire ses petites affaires sur eBay ou de mettre un bien immobilier en location pour toucher un revenu secondaire.

Peut-être devez-vous accorder la priorité à la stabilité d'emploi et vous y tenir.

## Loi n° 34

# Ne perdez pas votre temps à tergiverser : prenez des décisions rapides quand il s'agit d'argent

Quand la mer est agitée, le mieux est de trouver un abri sûr dans un port, n'importe lequel. On ne perd pas de temps à se demander dans lequel on trouvera des douches confortables ou un bon restaurant, ni à ergoter sur les frais de mouillage. Non, on cherche avant tout à se tirer d'affaire et l'on est bien content de se retrouver dans le port le plus proche.

Dans le domaine financier, c'est un peu la même chose. Parfois, la seule chose à faire est de foncer. Un rendement quelconque, c'est toujours mieux que rien. Ce n'est pas compliqué, mais vous seriez surpris de voir à quel point les gens ont tendance à ne pas le comprendre, à hésiter entre investir dans des actions et placer leur argent sur un compte rémunéré, et à remettre à plus tard leur décision d'investir la somme dont ils disposent. Leur argent dort sur un compte-courant ou, pire, il se dévalue.

Inutile de trop y réfléchir. Il n'y a même pas lieu d'y réfléchir.

Les samouraïs suivaient une règle simple : pas d'hésitation, pas de doute, pas de surprise, pas de crainte. Dans n'importe quel domaine, c'est la meilleure des stratégies. Dès que vous avez pris une décision, il faut vous y tenir. Sachez tout ce que vous avez besoin de savoir, n'ayez pas peur et avancez aussi rapidement que possible. Si vous avez déjà vu deux samouraïs s'affronter, vous avez dû remarquer qu'ils commençaient par se déplacer en cercle, chacun tournant autour de l'autre. Ensuite, on assiste à une soudaine explosion de violence, puis c'est fini. L'un des deux est mort, et souvent, l'autre aussi. Cependant, quand ils tournent l'un autour de l'autre, ce n'est pas la préparation : la préparation, ce sont les années d'entraînement qui ont précédé. Ils se jaugent. L'attaque est directe, leste, il n'y a pas de place pour l'hésitation. Dans vos projets financiers, vous devez être tout aussi incisif.

Agir est toujours préférable à ne rien faire. Parfois aussi, la rapidité d'action est préférable à l'analyse de la situation. Supposons que votre hobby consiste à acheter et à revendre des antiquités ou autres objets de collection. Si vous achetez une assiette 10 euros en pensant pouvoir la revendre 30 euros, et si, dans l'heure qui suit, quelqu'un vous en offre 20 euros, acceptez-les. Ils vous permettent d'acheter deux autres assiettes à 10 euros que vous pourrez revendre de la même manière. Évaluez rapidement les enjeux, le pour et le contre, et foncez.

Les samouraïs suivaient une règle simple :
pas d'hésitation, pas de doute,
pas de surprise, pas de crainte.

# Loi n° 35

# Travaillez comme si vous n'aviez pas besoin de cet argent

Pour la plupart d'entre nous, nous travaillons parce que nous avons besoin d'argent. Cependant, certains le montrent, tandis que d'autres ne le montrent pas. Quand une personne semble ne pas avoir besoin d'argent, il y a deux raisons possibles à cela. Soit elle joue la comédie, soit elle adore son travail et continuerait à travailler même sans être rémunérée.

La seconde situation est évidemment très enviable, et constitue un idéal vers lequel nous devrions tous tendre. Néanmoins, même si ce n'est pas encore votre cas, vous avez une très bonne raison de faire comme si vous étiez disposé à travailler quel qu'en soit pour vous le résultat pécuniaire. Quand les gens savent – ou croient savoir – que vous avez besoin de cet argent, cela leur donne un pouvoir sur vous et vous devenez vulnérable : votre situation devient précaire. Au contraire, quand vous donnez le sentiment que vous n'avez pas besoin de cet argent, ils n'ont plus ce pouvoir : c'est vous qui l'avez.

Il y a longtemps, j'avais un travail que je n'aimais pas du tout et j'étais malheureux. Par la suite, je me suis lancé dans une activité à mon compte, mais le cœur n'y était pas vraiment et cela a été un échec. Cependant, j'avais toujours écrit. Suis-je écrivain ? Non, pas vraiment. Je n'écris pas des ouvrages de littérature. J'aimerais bien en écrire, mais je connais mes limites et je me contente de rapporter ce que j'ai vu faire autour de moi. Toujours est-il que je n'ai jamais cessé d'écrire, que je sois rémunéré ou non, et que ce soit pour être publié ou non.

C'est là mon secret : je fais cela parce que c'est ma passion. J'y mets mon cœur, mon âme, mes convictions, mon énergie et mon ambition. C'est si important pour moi que je ne laisse personne toucher à ce que j'écris et que je ne confie mes manuscrits à personne. Savez-vous combien cette activité me rend heureux? Savez-vous quelle richesse cela m'apporte*? Savez-vous quelle force cela me donne?

Et vous, quel est votre secret? Qu'est-ce qui vous fait «vibrer»? Quel est le rêve qui vous stimule et qui vous guide? Il faut bien que vous en ayez un. Quand on fait le choix de la richesse, il n'y a pas de «je ne sais pas» ni de «je ne suis pas sûr» qui tienne. Vous ne pouvez que savoir, et vous ne pouvez qu'être sûr. En effet, telle est l'attitude des gens riches. Ils savent où ils vont et ce qu'ils feront quand ils y seront. Ce qui les caractérise, c'est la passion, l'entrain, l'ambition et la détermination. Ils travaillent parce qu'ils veulent travailler.

Je vous entends d'ici : la passion et la détermination, cela fait partie de leur personnalité, ils sont nés ainsi. Peut-être, mais c'est quelque chose qui peut aussi être imité. Pour devenir comme eux, calquez votre comportement sur le leur. Travaillez comme si vous n'aviez pas besoin de cet argent. Dirigez-vous vers une situation dans laquelle vous ne ferez que ce que vous aurez à cœur de faire**.

> Quand les gens savent que vous avez besoin de cet argent, cela leur donne un pouvoir sur vous et vous devenez vulnérable.

* Cette fois-ci, je ne parle pas de richesse pécuniaire, encore que l'aspect financier en constitue aussi un élément important.

** Naturellement, même si vous faites tout pour réaliser votre rêve, il y aura des moments où vous n'aurez plus le moral… Il s'agit ici de ce que vous aimez en général, de ce que vous trouvez globalement agréable et valorisant.

## Loi n° 36

# Dépensez moins que ce que vous gagnez

Je suis toujours surpris de voir comme les gens négligent cette règle d'or entre toutes, pourtant si simple. Vivez selon vos moyens. Contrôlez toutes vos dépenses. Faites en sorte de constituer une petite épargne qui vous permettra de produire un supplément de revenu. Vous souvenez-vous de la parabole de l'élevage de poulets ? Si vous n'en gardez aucun, vous ne pouvez plus poursuivre l'élevage.

Cette Loi n'est d'ailleurs pas en contradiction avec la Loi n° 32, selon laquelle les petites économies ne sont pas ce qui permet de devenir riche. Ne vivez pas au-dessus de vos moyens, mais accordez-vous de quoi vivre heureux. Si vous n'avez pas les moyens de boire du champagne une fois par semaine, buvez-en une fois par mois, mais buvez-en si cela contribue à votre bonheur.

Le problème est de maîtriser l'information et de contrôler ce que vous faites. Il faut que vous sachiez combien d'argent rentre et combien d'argent sort. Nous parlerons plus tard de la façon dont il est possible de juguler les dépenses et d'épargner, et de la façon d'éviter que votre carte de crédit vous mette à découvert (c'est un tour que nous jouent parfois ces vilaines petites bêtes).

Il faut aussi que vous sachiez :

- à quelles dépenses vous risquez de devoir faire face incessamment ;
- quelles sommes vous avez mises de côté pour faire face aux impondérables ;

- sur quels revenus futurs vous pouvez compter (intérêts, placements arrivés à échéance).

Le plus important, ce n'est pas de gagner assez ni d'éviter de dépenser trop : ces deux problèmes sont relativement faciles à résoudre. Non, la plus grande erreur, c'est de ne pas savoir ce que vous faites, où vous en êtes financièrement et ce qui vous attend.

Je sais qu'il n'est pas toujours facile d'éviter de vivre au-dessus de ses moyens, mais quand vous êtes constamment endetté, c'est la banque qui s'enrichit à votre place. Les banquiers savent profiter de leurs actifs et boivent le champagne plus d'une fois par semaine, je pense. Mais pourquoi voudriez-vous les enrichir encore ?

Il faut que vous sachiez chaque semaine, chaque heure, ce que vous gagnez. Il faut que vous sachiez ce que vous coûte votre train de vie et quelles sont vos dépenses, quelles sont les économies que vous réalisez et lesquelles de vos dépenses sont justifiées. L'essentiel est qu'il entre davantage d'argent qu'il n'en sort. Dans le cas contraire, il importe que vous redressiez rapidement la situation.

> La plus grande erreur, c'est de ne pas savoir ce que vous faites, où vous en êtes financièrement et ce qui vous attend.

# Loi n° 37

# Sauf nécessité réelle, n'empruntez pas d'argent

C'est extrêmement important : n'empruntez pas d'argent, sauf si vous êtes vraiment, vraiment obligé de le faire. Et même dans ce cas, abstenez-vous d'emprunter, ou empruntez à quelqu'un qui vous prêtera sans intérêt, sans nantissement, sans hypothèque et sans qu'il y ait un risque de gâcher une amitié. C'est sans doute un cas de figure totalement irréaliste, car l'argent gratuit, cela n'existe pas.

Celui qui nous prête une somme tient à la récupérer, et il lui faut un petit quelque chose en plus. Or, ce quelque chose en plus, c'est bien ce qui nous entrave, pour la plupart d'entre nous, et c'est ce qui nous empêche de nous enrichir. C'est ce qu'il faut éviter dès le départ. S'il est trop tard, il importe au moins de limiter ces frais de façon draconienne.

Ce quelque chose en plus, qui est souvent un obstacle à la prospérité, est généralement pécuniaire (des intérêts), mais il peut aussi être d'ordre émotionnel. Si vous empruntez une somme à un ami ou à un membre de votre famille, cela peut donner lieu à toutes sortes de complications. Ce n'est jamais simple.

Commencez, avant tout chose, par rembourser vos emprunts et vos dettes. C'est le seul moyen de vous débarrasser des intérêts. Je sais que nombreux sont ceux qui empruntent pour pouvoir démarrer leur entreprise et gagner ensuite des millions. Nous devons tous passer par là. Vraiment ? Je connais trois amis qui ont créé ensemble une entreprise. Ils y ont mis chacun 580 euros, et ils ont développé leur entreprise pendant quinze ans; après quoi ils l'ont revendue pour 50 millions d'euros. Ils n'ont jamais rien emprunté, si bien qu'ils n'ont pas eu à partager le montant de la cession avec qui que ce soit.

J'ai un autre ami qui s'est lourdement endetté pour créer son entreprise, qu'il a pu ensuite revendre plus de neuf millions d'euros. Seulement, une fois remboursé ses emprunts et payé les intérêts, il ne lui est presque rien resté. N'en ayant tiré aucune leçon, il a voulu créer une autre entreprise en investissant des fonds qu'il a empruntés à la City. Il affirme avoir beaucoup appris, car cette fois-ci, il n'a emprunté que trois millions.

On entend dire qu'emprunter à des connaissances ne pose pas de problème, car ce sont des gens qui vous soutiendront, etc. Or, l'écrivain Jilly Cooper dit qu'elle est réticente à prêter à ses proches, car il est pénible d'embrasser quelqu'un le soir de Noël tout en songeant qu'il vous doit 10 000 euros. Personnellement, j'aurais du mal à embrasser quelqu'un qui me devrait même une somme inférieure à ce chiffre !

Évitez d'emprunter aux personnes suivantes :

- vos parents ;
- vos enfants ;
- les enfants des autres ;
- vos amis ;
- votre partenaire en amour ;
- un étranger de passage ;
- des requins ;
- les banques ;
- les sociétés et organismes de crédit ;
- les sociétés d'investissement offshore, quelles qu'elles soient ;
- moi.

> **Celui qui nous prête une somme tient à la récupérer, et il lui faut un petit quelque chose en plus.**

## Loi n° 38

# Consolidez vos dettes

Le mieux est évidemment de ne pas vous endetter. Si le mal est fait, faites en sorte de payer le moins d'intérêts possible tout en remboursant vos dettes (le plus vite possible). Peut-être devriez-vous au moins consolider vos dettes, c'est-à-dire cesser de fonctionner avec trois cartes de crédit, un découvert, un prêt bancaire et je ne sais quoi d'autre encore. Vous pouvez unifier tout cela sous la forme d'un seul emprunt, puis bazarder vos cartes de crédit (en les coupant en deux à l'aide de ciseaux extrêmement solides, c'est un connaisseur qui vous le dit) et combler le découvert. Une carte de crédit, c'est bien pratique, mais n'oubliez pas les bonnes vieilles espèces sonnantes et trébuchantes.

Si vous décidez de consolider vos dettes, voici quelques conseils utiles :

- J'ai un ami qui a écrit à tous ses créanciers pour leur proposer le versement immédiat de 50% de sa créance en échange de l'annulation de la dette. Le plus surprenant est que chacun d'eux ait accepté. Il a alors souscrit un emprunt bancaire pour pouvoir les payer. Ainsi, il a consolidé ses dettes tout en les réduisant de moitié. Bravo !
- Ne répondez jamais à une publicité émanant d'une société vous proposant de consolider vos dettes : ces publicités s'adressent à ceux qui ont plus d'argent que de bon sens.
- Prospectez pour trouver le meilleur emprunt : n'acceptez pas l'offre de votre banque parce que c'est votre banque, car ce ne sera pas nécessairement l'offre la plus intéressante, et parfois, loin s'en faut.

- Ne gagez jamais votre domicile en garantie d'une somme due. Ne faites cela en aucune circonstance. Vous risqueriez de vous retrouver sans toit en cas d'insolvabilité. Qu'est-ce qui pourrait justifier un tel risque ? Rien, à mon avis.
- Examinez bien les clauses en petits caractères concernant le remboursement anticipé. En cas de clause pénalisante, n'acceptez pas.
- N'empruntez que pour consolider vos dettes, et ne le faites qu'une seule fois : sachez tirer la bonne leçon de votre expérience, et passez à autre chose.
- Remboursez aussi rapidement que vous en avez la possibilité : plus le terme est long et plus vous devrez verser d'intérêts.
- Si vous devez vraiment emprunter, faites porter la garantie sur un actif que vous pourrez revendre (outillage, camionnette) et tâchez de ne pas emprunter pour plus que la valeur de revente de ce bien.
- Pour un achat à crédit, la situation est un peu différente. Au moment de créer Tesco, Jack Cohen avait négocié trois mois d'arriérés pour le paiement du loyer de sa boutique, il payait ses fournisseurs à trois mois et il avait commencé à encaisser ses recettes au comptant le premier jour. Ainsi, au bout de 90 jours, il avait déjà perçu bien plus que ce qu'il devait.

N'oubliez pas les bonnes vieilles espèces sonnantes et trébuchantes.

## Loi n° 39

# Développez une compétence ou un talent, et vous ne cesserez d'en récolter les fruits

Un proverbe dit que celui qui paie le bal mène la danse. C'est la vérité, mais dans certains cas, c'est le musicien qui fixe le prix :

- si c'est vous qui choisissez la musique ;
- s'il s'agit d'une musique rare ;
- si cette musique est particulièrement difficile à jouer.

Si vous voulez que l'on se bouscule à votre porte et que l'on vous fasse des ponts d'or, trouvez un bon instrument, un bon répertoire de chansons, une méthode de relations publiques originale, une formule unique pour votre produit ou service, et faites-vous un nom.

À partir du moment où vous êtes capable de faire ce que peu de gens savent faire, vous pouvez fixer votre prix. Croyez-moi, vous n'avez pas besoin pour cela de développer une compétence particulièrement difficile, il suffit que votre savoir-faire intéresse quelqu'un qui sera prêt à le payer. Vous souvenez-vous de cet homme qui facturait très cher le toilettage des voitures des célébrités (*voir Loi n° 7*) ?

Vous pourriez devenir neurochirurgien, mais il faut pour cela plus de dix ans d'études assidues, sans compter certaines aptitudes et l'habileté des doigts. N'y pensez plus, songez plutôt à ce que vous avez à offrir. Quels sont vos compétences, vos talents, vos forces et vos faiblesses ?

Qui cela peut-il intéresser ? Comment pourriez-vous en faire le meilleur usage ? Comment pourriez-vous faire savoir aux intéressés que vous êtes en mesure de leur apporter ce dont ils ont besoin ? Quelles compétences seriez-vous à même de maîtriser pour pouvoir satisfaire une demande latente ?

Pour cet exercice, voici quelques expressions que vous n'avez pas le droit d'employer :

- je ne sais pas ;
- je ne suis pas sûr ;
- pas vraiment ;
- pas beaucoup ;
- comment ? Moi, des compétences ? Un talent ?

Chacun de nous a un talent ou des ressources particulières dont il a l'intuition qu'il pourrait les exploiter pour s'enrichir, si on lui en laissait la possibilité*. Nous avons tous un rêve que nous pourrions nous employer à réaliser, un projet que nous pourrions oser développer et mener à bien. Peut-être avons-nous simplement besoin d'un déclic, d'un coup de pouce dans la bonne direction, d'un signal pour nous réveiller, pour que nous bougions de notre siège et commencions à agir pour de bon. DEBOUT ! ALLEZ-Y, AGISSEZ.

> À partir du moment où vous êtes capable de faire ce que peu de gens savent faire, vous pouvez fixer votre prix.

* Personne n'est censé vous laisser cette possibilité : c'est à vous de la créer. Les possibilités, c'est à vous d'aller les chercher, de les saisir et de les dompter, de les attirer par des appâts et de vous les approprier, de les affronter jusqu'à ce qu'elles ne vous résistent plus. Ne comptez sur personne pour vous les présenter sur un plateau.

# Faites du remboursement de vos emprunts et de vos dettes une priorité

Compensez-vous rapidement vos découverts ? Si vous évitez déjà de gaspiller votre argent en agios et intérêts, c'est très bien : vous pouvez sauter cette Loi et passer directement à la suite.

Si vous avez un solde débiteur, un découvert (autorisé ou non), des emprunts ou des dettes*, vous n'êtes certainement pas une exception. De nos jours, on a vite fait de vivre à crédit. C'est la tendance actuelle. Le problème est que les dettes nous freinent et nous entravent. Verser des intérêts, c'est jeter de l'argent par la fenêtre (emprunter par exemple vingt mille euros risque de vous coûter finalement plusieurs milliers d'euros d'intérêts, le coût total réel de l'opération dépendant de la durée de l'emprunt et du taux d'intérêt). Les dettes, c'est un boulet attaché au cou, un souci latent qui peut facilement devenir un gros problème et affecter votre santé, tout autant que votre richesse.

Cela ne fait pas l'ombre d'un doute. Dans votre quête de la richesse, la toute première chose à faire est de solder vos dettes, le plus vite possible. Il ne vous servirait à rien de mettre de l'argent sur un compte d'épargne, qui vous rapporterait moins que les intérêts que vous coûte votre situation débitrice. Cela n'aurait pas de sens. Les taux d'intérêt sur les emprunts sont toujours plus élevés que les taux de rémunération des comptes d'épargne.

* On ne parle pas ici d'un emprunt-logement, encore qu'il s'agisse, au sens strict, d'un prêt, d'un investissement (il faut l'espérer) et donc d'un cas particulier.

Certes, il n'est pas impossible de parvenir à emprunter à un taux d'intérêt très réduit pour investir cet argent et le faire fructifier mais, dans ce cas, soyez très, très prudent car vous jouez avec le feu. À moins que votre formule d'investissement ne comporte aucun risque (j'en doute), remboursez votre emprunt aussi vite que vous le pourrez.

Je dois ajouter qu'il peut exister quelques rares exceptions à cette règle : par exemple, si vous avez emprunté pour investir dans une entreprise et si vous savez pertinemment ce que vous faites. Ici, nous parlons d'endettement personnel.

Je ne sous-estime pas la difficulté d'être libre de toute dette, mais c'est une chose qui est nécessaire. Élaborez une stratégie pour vous affranchir de vos dettes. Si vous avez plus d'un emprunt en cours, commencez par rembourser celui dont le taux d'intérêt est le plus élevé. La motivation est vitale, car il s'agit ici de se donner du mal à court terme pour en tirer profit à long terme.

Enfin, une fois que vous n'aurez plus de dettes, il s'agit bien évidemment de ne plus se retrouver débiteur, n'est-ce pas ? (*Voir Loi n° 36.*)

> **Les dettes nous freinent et nous entravent.**

## Loi n° 41

# Que le temps consacré à gagner votre vie ne vous empêche pas de gagner de l'argent

C'est vite arrivé. Comme chacun de nous, vous avez eu besoin de trouver un gagne-pain. Vous travaillez pour gagner votre vie, et cela vous demande tant de temps et d'énergie qu'il ne vous en reste plus pour réfléchir à ce que vous pourriez faire autrement, à ce que vous pourriez faire en plus ou à ce que vous pourriez faire d'intelligent pour gagner davantage d'argent. N'avons-nous pas tendance à négliger la gestion de notre argent ou même de notre carrière, parce que nous pensons avoir mieux à faire de notre précieux temps libre ?

Parfois, notre travail nous occupe au point de nous faire oublier le but ultime : gagner vraiment de l'argent. Or, pour devenir riche, il est absolument indispensable de voir au-delà de son horaire hebdomadaire, d'envisager sa situation plus globalement et d'agir.

Une foule de gens travaillent pour vivre, et ce qui permet aux riches de s'enrichir. Cela ne veut pas dire que les travailleurs sont exploités. Simplement, si beaucoup de gens font le choix d'être besogneux et d'investir tout leur temps et toute leur énergie dans un emploi salarié, il y aura toujours des individus qui sauront être assez prompts à saisir une opportunité de s'enrichir parce qu'ils se seront ménagé la possibilité de voir plus loin.

Si vous travaillez pour gagner votre vie et si vous ne comptez pas sur votre situation professionnelle actuelle pour vous permettre de devenir riche, c'est sans doute que vous travaillez pour l'amour de la chose, non ? Ce n'est pas une question piège. Il s'agit de définir un ordre de priorité dans vos ambitions. Si vous ne travaillez que pour gagner de l'argent, il faut que vous gagniez le plus possible, et même, que vous gagniez ce que vous voulez gagner.

Si vous adorez ce que vous faites sans que l'argent soit au rendez-vous, il faut que vous définissiez une stratégie d'enrichissement indépendante de votre source de revenu quotidienne. Aimer ce que l'on fait, c'est une excellente chose, mais si vous voulez aussi être riche, il importe pour vous de trouver le temps d'y penser aussi.

Si vous n'aimez pas votre travail, ou si votre revenu ne vous satisfait pas, demandez-vous pourquoi vous n'en avez pas encore changé et ce que vous pourriez faire d'autre. Le pire serait que, tout en ne trouvant pas de satisfaction dans votre travail, celui-ci vous occupe trop pour que vous trouviez le temps de déterminer un moyen de vous enrichir et d'être plus heureux. Peut-être avez-vous déjà manqué un million de possibilités de vous enrichir, que vous n'avez pas vu passer parce que vous étiez trop absorbé par votre quotidien. Vous risquez de vous réveiller et de vous en rendre compte dans dix ans seulement. Si c'est la situation dans laquelle vous êtes, faites quelque chose dès à présent pour changer cela. Apprenez à voir les choses sous un nouvel angle, et sachez saisir ce que l'instant présent peut vous apporter.

> Si vous ne travaillez que pour gagner de l'argent, il faut que vous gagniez le plus possible.

## Loi n° 42

# Épargnez une grosse somme

J'ai toujours pensé que s'il m'arrivait de mettre la main sur une forte somme, j'en mettrais une grande partie de côté. Ce serait un bon moyen d'épargner. Un de mes amis trouve que c'est insensé. Pour lui, le mieux est d'épargner au compte-gouttes. Qui a raison ? Il faut bien que ce soit moi, puisque c'est moi qui ai écrit ce livre.

Voyons cela de plus près, en toute logique. Supposons que j'épargne une grosse somme. Mettons qu'à l'âge de cinquante ans, je gagne 20000 euros, par exemple, et que je décide d'en épargner la moitié. De combien disposerai-je au moment de ma retraite ?

Quant à mon ami, il met de côté chaque mois un montant ridicule, disons 10 euros, mais en ayant commencé à l'âge de vingt ans, et sans jamais manquer un seul versement. Qui aura une retraite dorée, et qui récupérera les sachets de thé pour les réutiliser ? Allons, allons, vous pouvez calculer cela vous-même, non ? Bon, vous pouvez aussi vous contenter d'admirer le tableau ci-contre (rempli dans l'hypothèse d'un modeste taux d'intérêt de 5 % l'an).

Vous voyez bien que j'avais raison… de peu, il est vrai. À vous d'en tirer une précieuse leçon. Il est bon d'être prudent et d'épargner de façon régulière, mais à long terme, une grosse somme épargnée tard fait aussi bien l'affaire.

| Année | Mon ami épargnant 10 euros par mois dès l'âge de 20 ans |
|---|---|
| Moi, n'épargnant qu'à l'âge de 50 ans | € 126 |
| Année de ma première épargne avec € 10000 +5 % = € 10 500 | € 10 025 |

À long terme, une grosse somme épargnée tard fait l'affaire.

# Loi n° 43

# Ne louez pas, achetez

Nous avons tous besoin d'avoir notre chez-soi. Le choix est donc de louer ou d'acheter. La plupart des gens n'ont pas les moyens d'acheter tout de suite (vous êtes sans doute dans cette situation, ou vous n'auriez pas acheté ce livre), sauf peut-être en empruntant une certaine somme. Pourtant, n'avons-nous pas dit qu'il ne fallait pas emprunter ? N'avons-nous pas dit qu'un emprunt vous faisait gaspiller votre argent à cause des intérêts, etc. ? En effet.

Mais alors, comment peut-on acheter sans emprunter ?

La réponse est qu'un emprunt immobilier peut être considéré comme un investissement plutôt que comme un emprunt. À long terme (et aussi à court terme, avec un peu de chance), vous pouvez raisonnablement espérer que les intérêts que vous payez représenteront moins que l'accroissement de la valeur de votre bien. Vous escomptez que votre maison ou votre appartement prendra de la valeur, si bien que l'argent que vous y aurez mis aura été de l'argent investi.

Au contraire, les loyers que vous versez quand vous louez un bien ne sont pas un investissement. De façon certaine, c'est de l'argent que vous ne reverrez jamais.

Au moment de revendre votre bien, vous récupérerez les sommes investies, augmentées d'une plus-value qui sera le produit de votre investissement.

Certains considèrent qu'acheter au lieu de louer implique beaucoup de soucis. En réalité, ce n'est pas le fait d'être propriétaire qui entraîne des soucis, mais le montant emprunté et ses conséquences sur votre situation financière globale. Il s'agit donc de bien réfléchir aux mensualités que vous devrez verser, ainsi qu'à votre capacité et à votre volonté de les payer.

Naturellement, en achetant, vous n'avez aucune garantie que le bien prendra de la valeur – il y aura des fluctuations sur le marché de l'immobilier – mais, à long terme, il y a de bonnes chances pour que les hausses compensent largement les baisses. L'idéal est d'acheter quand les prix sont bas et de revendre quand ils sont élevés. Si vous avez pu revendre pour bien plus cher que votre mise initiale, vous pourrez investir dans un nouveau bien sans emprunter. Ainsi, vous finirez par être propriétaire sans n'avoir plus rien à payer pour cela.

Vous pouvez aussi faire ce que font la plupart des gens, c'est-à-dire acheter un bien immobilier plus grand et plus cher. Ce n'est pas ainsi que l'on crée de la richesse, mais ce sera peut-être la raison pour laquelle vous aurez voulu vous enrichir. Dans ce cas, j'approuve votre démarche.

Mais alors, comment peut-on acheter sans emprunter ?

# Loi n° 44

# Comprendre ce que signifie réellement investir

Un investissement sert souvent deux objectifs : produire un revenu et prendre de la valeur. En d'autres termes, en investissant un certain montant (on appelle cela un capital), vous pouvez obtenir un petit revenu régulier, tandis que la valeur actuelle du capital lui-même augmente.

Supposons que vous investissiez dans un bien immobilier. Dans l'idéal, vous devriez pouvoir le louer. Ainsi, vous toucherez des loyers (une forme de revenu), et la valeur de votre bien augmentera par ailleurs.

De même, si vous achetez des actions, vous devriez percevoir des dividendes (une forme de revenu) et vous devriez pouvoir revendre plus tard ces actions à un cours supérieur à la somme que vous aviez investie initialement. Notez cependant que j'emploie le conditionnel, car rien n'est garanti dans ce genre de jeu.

Bien sûr, vous pouvez investir dans toutes sortes de biens :

- dans des parts de capital ;
- dans l'affaire de votre frère qui achète de vieux bateaux pour les retaper et les revendre très cher ;
- dans de grands vins, dans des tableaux de maîtres, dans des pièces d'or, dans des voitures anciennes, dans de beaux livres rares ou autres objets de collection ;
- dans des fonds garantis et autres comptes d'épargne ;
- dans des inventions, brevets…

- dans des idées ou dans des personnes ;
- dans la création dramatique, cinématographique ou télévisuelle.

Plutôt qu'un simple investissement, vous pouvez aussi préférer :

- les sponsors et le mécénat (dans le domaine du sport, par exemple) ;
- l'investissement dans des causes altruistes.

N'oubliez pas que toute forme d'investissement est une sorte de jeu de hasard. Le risque de perdre existe toujours. Si vous ne me croyez pas, demandez à votre assureur ce qu'il en pense.

Cependant, une vaste diversification de vos investissements à faible risque peut vous permettre d'escompter un rendement net non négligeable.

N'oubliez pas que toute forme d'investissement est une sorte de jeu de hasard.

## Loi n° 45

# Constituez un capital d'abord, puis investissez-le de façon judicieuse

Nombreux sont ceux qui ne s'enrichissent pas parce que, comme on l'a vu précédemment, ils sont trop paresseux. Cependant, nombreux aussi sont ceux qui n'y réussissent pas parce qu'ils ne savent pas ce qu'ils doivent faire dès qu'ils commencent à gagner un peu d'argent. On a vite fait de se dire que l'ayant bien gagné et mérité, on peut le dépenser. Oui, vous avez bien gagné cet argent – en supposant que vous n'avez volé personne pour l'obtenir – et vous le méritez sans doute. Mais le dépenser tout de suite, non, ne faites pas cela : même si vous désirez ardemment une nouvelle voiture, des vacances ou je ne sais quoi d'autre.

Cela m'est arrivé. Je pense que cela nous est arrivé à tous. Un jour, le fisc m'a remboursé une grosse somme. Je ne me souviens plus pourquoi, mais j'avais dû payer trop d'impôts pendant plusieurs années et j'ai fini par recevoir un trop-perçu. Il s'agissait d'une jolie somme. J'ai tout dépensé, je me suis payé de belles vacances, mais c'est là la différence entre les riches et les moins bien lotis. Les riches voient dans ce genre d'aubaine l'opportunité de s'enrichir un peu plus, tandis que les moins bien lotis y trouvent l'opportunité de s'amuser. Si le plaisir immédiat est ce que vous attendez de la vie, il n'y a aucun mal à cela, mais si vous préférez davantage de richesse et davantage de plaisir (mais plus tard), alors il faut que vous appreniez, comme je l'ai appris, à faire bon usage d'une somme sur laquelle vous mettez la main. Franchement, le seul bon usage à faire de cet argent, c'est de l'investir dans votre prospérité à venir.

L'argent mis ainsi de côté n'est pas perdu. Il travaille et, une fois qu'il aura fait des petits, vous pourrez vous offrir toutes les vacances que vous voudrez. Mais avant cela, vous devez attendre et vous devez investir cet argent de la façon la plus judicieuse. Pour récolter des pourboires ou des aumônes, la recette consiste à placer une ou deux pièces sur la soucoupe ou dans le chapeau. Personne ne déposera de l'argent dans un chapeau vide. À vous de mettre un peu d'argent dans le chapeau de votre prospérité.

Vous vous dites peut-être que vous n'aurez jamais l'occasion de mettre la main sur une somme d'argent substantielle. Dans ce cas, vous vous trompez. Cela vous arrive chaque mois, quand vous touchez votre salaire (ici, je suppose que vous avez un travail). C'est vous qui décidez de la manière dont cet argent sera utilisé. Si vous voulez changer votre style de vie, à vous de vous activer pour cela. Chaque mois, mettez au moins un peu d'argent de côté pour constituer ce supplément de richesse. Une fois que vous aurez amassé une somme consistante, réfléchissez à la manière de la faire fructifier le mieux possible. L'idéal est de l'investir dans un actif qui produira un supplément de revenu pour vous : des actions, un bien immobilier que vous pourrez louer, etc. Il faut procéder de cette manière pour que la richesse apparaisse peu à peu, sur une période prolongée.

> Personne ne déposera de l'argent
> dans un chapeau vide.

## Loi n° 46

# Sachez qu'à long terme, l'immobilier ne prendra pas plus de valeur que les actions

Supposons donc que vous ayez réuni une petite somme à investir : qu'allez-vous en faire ? Devez-vous investir dans un bien immobilier, ou dans des parts de capital ? Ces deux possibilités sont parmi les plus classiques.

Après le « dot com crash » de l'année 2000, quand les cours des actions ont commencé à chuter, beaucoup d'investisseurs ont préféré se tourner vers l'immobilier. Cela n'a rien de surprenant. Ceux qui avaient beaucoup investi dans des actions à la fin des années quatre-vingt-dix ont connu des déboires et certaines sociétés cotées ont fait faillite, si bien que les investisseurs ont perdu tout ce qu'ils avaient investi.

Quand les investisseurs délaissent la Bourse pour lui préférer l'immobilier, cela entraîne une explosion du marché de l'immobilier locatif et une hausse des prix du mètre carré. C'est ainsi que l'on a vu apparaître dans certains quartiers une pléthore de biens immobiliers proposés à la location, et les revenus de l'immobilier locatif ont été moindres que prévu (l'offre excédant la demande). Cependant, ceux qui étaient arrivés les premiers sur ce marché et qui avaient acheté là où il fallait ont été bien inspirés. Depuis 2000, toutefois, les cours des actions sont remontés et ceux qui avaient pu garder leurs titres boursiers ont vu la valeur de leur portefeuille grimper à nouveau.

Quel est donc le bon choix ? L'immobilier, ou les actions ? Eh bien, à long terme, et si l'on fait abstraction des fluctuations à court terme, les actions prendront davantage de valeur que l'immobilier.

Qu'il n'y ait pas de malentendu : l'investissement dans l'immobilier a sa raison d'être. Il s'agit simplement de bien diversifier ses investissements (son portefeuille, comme disent les professionnels). L'immobilier fait toujours partie d'un bon portefeuille d'investissement.

Un des grands avantages de l'investissement dans l'immobilier est que cela peut aussi vous servir de domicile (comme on l'a vu à propos de la Loi n° 43, il faut bien que vous habitiez quelque part et, de ce point de vue, des actions dans le cacao ne feront pas l'affaire). D'autre part, si vous achetez pour mettre en location, cela vous permettra de percevoir un revenu supplémentaire (il s'agit simplement d'être prudent : il faut que vous sachiez quels loyers vous pourrez obtenir, que vous vous assuriez que la demande est suffisante là où vous achetez, etc.).

Quand on investit dans des actions, on espère obtenir un revenu régulier sous forme de dividendes distribués aux actionnaires mais, en général, ce que rapportent les actions, c'est surtout une plus-value à long terme. Les entreprises ayant un potentiel de croissance bien plus grand que les biens immobiliers, vous pouvez vous attendre à ce que ce soient vos actions qui vous rapportent le plus à long terme. Je parle de potentiel car c'est d'un potentiel qu'il s'agit, un potentiel qui ne sera pas toujours réalisé : la valeur de vos actions, comme la valeur de votre bien immobilier, peut diminuer comme elle peut augmenter. Le risque existe toujours. L'autre raison de préférer investir dans des actions plutôt que seulement dans l'immobilier est que les actions – surtout si votre portefeuille est convenablement diversifié – vous permettent de bien répartir les risques. Plus votre investissement est diversifié, moins il est risqué. Saviez-vous que lors d'un crash boursier, les ventes de haricots blancs connaissent une forte progression ?

> L'immobilier fait toujours partie d'un bon portefeuille d'investissement.

## Loi n° 47

# Maîtrisez l'art de vendre

La vente, comme la négociation, est un savoir-faire essentiel. Vendre et négocier peuvent être deux choses très différentes. En fait, pour pouvoir vous enrichir, une des choses qu'il importe que vous soyez capable de vendre, c'est vous-même.

Toute fortune est bâtie sur la vente. Dans tout ce que vous pourrez entreprendre pour vous enrichir, il y aura quelque chose à vendre : des produits, des compétences ou des idées. Sans vendre, on ne peut pas gagner d'argent. C'est ce que savent les riches, et c'est ce qu'ignorent les pauvres.

Dans l'idéal, vous devriez être capable :

- de vous vendre vous-même et de vendre vos compétences, votre savoir-faire et votre talent (et chaque minute de chaque journée de votre temps) ;
- de vendre quelque chose pendant votre sommeil ;
- de vendre dans des pays où vous n'êtes jamais allé et dont vous ne connaissiez même pas l'existence ;
- de vendre par l'intermédiaire d'un tiers (quelqu'un qui vend pour vous) ;
- de vendre des produits dont la production coûte extrêmement peu et qui vous rapportent beaucoup ;
- de vendre des produits que d'autres fabriquent et financent pour vous ;

- de vendre des produits que pratiquement chaque ménage acquiert ;
- de vendre des produits qui peuvent facilement être stockés, transportés et mis en magasin.

La liste est probablement infinie, mais les gens font souvent l'erreur d'essayer de vendre quelque chose dont personne ne veut. Il est vrai que la recette est parfois efficace, dans le domaine de l'art contemporain. Voilà un marché auquel je n'avais pas pensé.

N'allez pas vous imaginer que la vente est une activité réservée aux commerciaux payés à la commission. Un PDG ou une vedette du spectacle qui participe à une émission de télévision vend sa marque ou sa personne.

J'aime bien l'histoire d'Alex Tew, un jeune homme qui voulait devenir millionnaire et qui s'est dit qu'il pourrait atteindre cet objectif s'il disposait d'un million d'articles vendables un euro chacun. Sachant qu'une page Web comporte un million de pixels, il en a créé une et a entrepris de vendre toute sa page à des annonceurs, au prix d'une livre (pas loin d'un euro) le pixel. Il fallait compter environ 400 pixels pour une annonce qui puisse être vue. Alex Tew a vendu la moitié de sa page pendant les vacances de Noël, et le reste pendant sa première année d'université. Vous pouvez admirer le résultat sur le site http://www.milliondollarhomepage.com/. J'ai moi-même soutenu son projet en lui achetant 400 pixels pour ma publicité, car je me suis dit qu'un jeune homme aussi entreprenant méritait d'être encouragé.

> Pour pouvoir vous enrichir, une des choses qu'il importe que vous soyez capable de vendre, c'est vous-même.

## Loi n° 48

# Ne croyez pas que vous pourrez toujours gagner

Il existe un certain nombre d'obstacles et de personnes contre lesquels on ne peut pas espérer triompher, aussi la prudence s'impose-t-elle. Il s'agit des bookmakers (et de quiconque essaiera de vous inciter à mettre votre argent dans un jeu : casino, courses, jeux en ligne, etc.), du fisc, des caméras, du gouvernement, de votre mère, de la police, de vos enfants et de la mort.

Dan Brown, l'auteur du *Da Vinci Code*, a été attaqué en justice par les auteurs d'un autre livre, *L'énigme sacrée*, qui considéraient qu'ils avaient été plagiés. Ils ont perdu. Ils ont même perdu beaucoup : beaucoup de temps, et quelque chose comme pas loin de deux millions d'euros, en comptant les frais d'avocat et de procédure.

Ces auteurs ont sans doute cru sincèrement au bien-fondé de leur position, mais j'aimerais bien savoir si quelqu'un leur a dit qu'ils avaient peu de chances de gagner.

La raison pour laquelle vous devez vous méfier de tous ceux qui peuvent vous pousser à miser quelque part est que ce sont des gens qui savent quelque chose que vous ignorez. Ils sont détenteurs de certains secrets qui leur permettent de gagner de l'argent à vos dépens, simplement grâce à votre ignorance.

Ici, inutile d'adopter une posture morale ni d'essayer de changer le système. Le monde est ainsi fait, et il faut l'accepter. Ne cherchez pas à vous débarrasser des obstacles ou des personnes que vous ne pouvez pas vaincre. Il y a ceux qui exploitent un public infortuné, innocent et crédule, et il y a tous ces gens infortunés, innocents et crédules qui se comportent comme s'ils ne demandaient qu'à être grugés. Ensuite, ils se plaignent : on ne me laisse aucune chance, le monde est injuste, personne ne m'aime, je n'y suis pour rien, il devrait y avoir une loi pour interdire cela, etc. Puisqu'il existe des requins, évitez de saigner.

Puisqu'il existe des requins,
évitez de saigner.

## Loi n° 49

# Sachez comment fonctionne vraiment la Bourse

Le principe est simple : des parts de capital s'échangent sur un marché. Ces parts, ce sont des investissements que les agents du marché ont réalisés dans de grandes entreprises. Comment cela fonctionne-t-il? Et surtout, plus important, *qu'est-ce* qui fonctionne?

La réponse la plus immédiate que l'on peut faire à cette dernière question est qu'il faut acheter quand le cours est bas et revendre quand il est élevé. La réalité est un peu plus compliquée. La question de savoir quoi acheter, quel prix accepter de payer et quand acheter (puis quand revendre) a fait l'objet d'ouvrages qui remplissent des rayons entiers, si bien que je limiterai ma propre contribution à quelques règles. La première de ces règles est qu'il faut comprendre quelles sont les véritables forces en jeu : la *valeur* et la *spéculation*.

Personnellement, je pense que les économistes sont apparus sur cette Terre pour tenir la dragée haute aux astrologues, mais il m'arrive de les citer. L'un de ceux que l'on peut le mieux citer, John Maynard Keynes, a dit un jour que la Bourse était comme un concours de beauté.

Ce qu'il voulait dire, ce n'est pas que les agents de change devraient troquer leurs costumes contre des maillots de bain et exprimer le désir de travailler avec des enfants ou de contribuer à la paix dans le monde. Il faisait référence à un type de concours de beauté prisé par la presse londonienne. Le lecteur pouvait miser sur une des prétendantes et gagner un prix si la photo de celle-ci recueillait le plus grand nombre de suffrages parmi les lecteurs. Il s'agissait donc, non pas de choisir la jeune femme la plus jolie, ni même de prédire laquelle serait considérée par le lecteur moyen comme la plus jolie, mais d'essayer d'anticiper le choix du lecteur moyen. Selon Keynes, c'était ainsi que la Bourse fonctionnait. Les investisseurs achetaient les actions qu'ils pensaient que les autres allaient vouloir acheter dans le futur, et le prix qu'ils étaient prêts à payer pour acquérir un titre dépendait moins de la valeur fondamentale de la société cotée que de leurs anticipations concernant le prix que les autres seraient disposés à payer pour l'acquérir.

Spéculer sur l'évolution du cours des actions en Bourse est amusant pour qui veut observer les effets directs de la psychologie des masses, mais dans un monde incertain, ce n'est pas ainsi qu'on court vers la fortune. Si vous voulez vraiment vous enrichir à la Bourse, voici ce que je peux vous conseiller : enrichissez-vous lentement mais sûrement, en ne vous attachant qu'à la valeur des titres. Faites abstraction de tout ce tapage, de toutes ces informations qui défilent d'heure en heure et de l'influence qu'elles sont censées exercer sur le cours des actions. Oubliez les techniques soi-disant éprouvées pour prédire l'évolution des cours à partir de leur performance passée (ne vous laissez pas abuser par le vocabulaire, ces prétendues analyses techniques n'ont rien de rationnel) et sachez résister à la tentation de boursicoter dans l'espoir de réaliser une plus-value rapide. Si vous voulez investir dans des actions, souciez-vous de la valeur des sociétés. Intéressez-vous à des sociétés dont la production devrait être prisée dans l'avenir, à celles dont la valeur est appréciée par les fonds d'investissement (*que nous retrouverons avec la Loi n° 50*).

Pour acheter les bons titres, au prix qui convient, ne suivez pas la foule. Recherchez la valeur. C'est certes plus facile à dire qu'à faire. Cela demande beaucoup de recherches, mais ce sera plus facile si vous respectez la Loi suivante.

> Ne suivez pas la foule. Recherchez la valeur.

## Loi n° 50

# N'achetez que ce que vous pouvez comprendre

Voilà une autre Loi à graver dans votre mémoire. Acheter des actions – ou quoi que ce soit d'autre que vous comptez revendre pour réaliser un gain – n'est qu'une autre forme de jeu de hasard. Quand je travaillais dans un casino, il était admis, chez les joueurs comme chez le personnel, qu'il existait une hiérarchie entre les différents types de jeux. Au bas de cette hiérarchie se trouvaient les machines à sous, avec leur ambiance bruyante. Au sommet, il y avait les clubs, le verre fumé et la lumière tamisée : un monde considéré comme plus «raffiné». De la même manière, la plupart des gens pensent que la Bourse est un lieu raffiné, sophistiqué (et donc moins risqué et moins dangereux). Pourtant, sur le marché des titres, rien n'est sûr.

Si vous vous lancez dans une activité impliquant un pari, réduisez le risque le plus possible, et n'investissez et n'achetez que lorsque vous comprendrez bien de quoi il retourne. En procédant ainsi, vous éviterez de vous laisser induire en erreur par des mirages, de miser davantage que ce que vous étiez prêt à investir initialement, de prendre des risques que vous n'avez pas l'habitude de prendre et de vous laisser abuser par un marketing astucieux et trompeur.

Si vous avez l'habitude de faire vos courses dans une célèbre chaîne de magasins, si leurs dernières gammes de produits vous plaisent et s'ils vous paraissent remporter un grand succès, achetez des actions dans cette chaîne de magasins. En continuant à vous intéresser à l'activité de cette chaîne et en écoutant les commentaires des clients, vous pourrez rapidement vous faire une idée de la valeur de votre investissement.

Sachez simplement si c'est votre tête ou votre cœur qui vous pousse à acheter. J'ai un ami qui investit uniquement dans les actions des sociétés « vertes ». Il se pavane avec un air de supériorité morale. C'est comme s'il avait acheté un billet d'entrée au paradis. Il ne se rend pas compte qu'il joue, qu'il achète sans doute davantage avec son cœur qu'avec sa tête. Si vous êtes sur le point d'investir dans quelque chose qui vous tient à cœur, ne confondez pas investissement, principes éthiques et désirs. Si votre analyse rationnelle du marché vous fait conclure que l'énergie éolienne a un grand avenir, et si vous pensez que cette industrie sera très rentable, alors tout est pour le mieux : vous pouvez investir à la fois selon votre tête et selon votre cœur.

Si vous ne comprenez pas vraiment bien comment fonctionne un secteur de l'économie et si vous n'avez pas l'intention de faire en sorte de bien le connaître, mieux vaut investir ailleurs. Si vous voulez investir dans des actions sans devoir vous donner la peine de procéder à toutes ces analyses et sans avoir à prendre vous-même toutes les décisions, vous pouvez opter pour les Sicav ou les fonds communs de placement, ce qui nous amène à la Loi suivante.

> Réduisez le risque le plus possible, et n'investissez et n'achetez que lorsque vous comprendrez bien de quoi il retourne.

## Loi n° 51

# Profitez du savoir des professionnels de la finance (mais sans que ce soient eux qui profitent de vous)

Comme vous l'avez probablement déduit de la Loi n° 49, ceux qui choisissent eux-mêmes les titres dans lesquels ils investissent aiment généralement à penser qu'ils savent voir la valeur là où les autres ne la voient pas. Si vous ne croyez pas pouvoir prendre toujours les meilleures décisions, vous pouvez faire appel aux services des professionnels.

Ces professionnels, appelés conseillers financiers, vous diront d'abord qu'ils peuvent investir votre argent et réaliser une meilleure performance que le marché. Peut-être vous montreront-ils de beaux graphiques en couleurs censés indiquer qu'ils réalisent chaque année une performance meilleure que le marché. C'est trop beau pour être vrai, vous ne croyez pas ?

Disons simplement que, pour que certains agents réalisent une meilleure performance que la moyenne, il faut que d'autres en réalisent une plus mauvaise. Sachant que la plus grande partie de l'argent circulant sur le marché est investie par les grandes sociétés, qui peuvent bien être les perdants ? Ces grandes sociétés elles-mêmes ? En réalité, à un moment donné, certains grands investisseurs seront gagnants et d'autres perdants, mais, à long terme, c'est le plus souvent le marché qui l'emporte. Nombreux échouent à faire croître leur capital à un taux supérieur au taux de croissance du marché. N'allez pas payer quelqu'un pour qu'il essaye de faire mieux.

Pensez-vous qu'il existe un système infaillible pour prédire lesquels seront les gagnants ? Sans doute pas. Voulez-vous un bon tuyau pour investir dans les nouvelles technologies ? Il n'y en a pas.

Si vous n'avez pas le temps ni la connaissance nécessaire pour identifier méthodiquement le meilleur support dans lequel vous pourriez investir, optez pour un placement à faible risque, géré par des gens qui ne prétendront pas battre la maison et qui ne chercheront pas à multiplier les transactions pour toucher le plus possible de commissions. Ainsi, vous pourrez dormir sur vos deux oreilles (ou reprendre la lecture de ce livre) en sachant que votre argent travaille pour vous.

C'est des fonds indiciels qu'il s'agit. Les intermédiaires ne touchent pas autant de commissions sur ces fonds, il n'est pas dépensé autant pour leur publicité, si bien que la brochure correspondante est peut-être la dernière que votre conseiller financier vous présentera, mais il s'agit de privilégier la confiance dans la durée et non les tactiques astucieuses. Croyez-moi, vous aurez moins de frais avec ce genre de formule. Avec l'expérience, vous pourrez envisager une approche plus active.

N'allez pas payer quelqu'un pour
qu'il essaye de faire mieux.

# Loi n° 52

# Si vous avez besoin d'un conseil en matière financière, payez pour l'obtenir

Il existe une foule de gens qui ne demandent qu'à vous prodiguer aide, information, conseils et assistance en matière de placement. Si vous tenez à la richesse, ne vous faites pas conseiller par n'importe qui, soyez prudent.

On peut distinguer deux sortes de personnes auprès desquelles vous êtes susceptible de chercher des conseils. Il y a d'abord les professionnels qualifiés, qui sont assurés. Au cas, peu probable, où ils vous délivreraient une information fausse, vous auriez un recours. Avant de suivre leurs conseils, assurez-vous de la possibilité d'être dédommagé en cas de problème.

Il y a ensuite les personnes richissimes, dont vous pouvez écouter les conseils, sauf si elles ont gagné au Loto, hérité ou bâti leur fortune en revendant de la drogue (dans ce dernier cas, même si elles ne sont pas honnêtes, vous pourriez prendre exemple sur leur talent d'entrepreneurs).

Ce sont les deux seules catégories de conseilleurs à considérer. Celles à exclure sont les amis, la famille, la télévision, Internet et les banques.

Assurez-vous que les conseils que vous allez suivre proviennent de quelqu'un possédant une qualification reconnue ou appartenant à un organisme approprié. Prenez les précautions nécessaires pour n'avoir affaire qu'à des gens qui savent ce qu'ils font.

Si j'en crois mon expérience, il existe deux types de conseilleurs : ceux qui vous évitent de faire une bêtise, et ceux qui vous informent que vous avez fait une bêtise. Ceux du second type sont légion, mais ce sont ceux du premier type qui vous intéressent.

En ce qui concerne les conseillers financiers professionnels, on peut faire une autre distinction : il y a ceux qui gèrent vos finances et ceux qui essaient de vous vendre des produits. Évitez ces derniers comme la peste.

Le conseiller auquel vous vous adresserez devra être indépendant : il ne faut pas que son champ d'études se limite aux produits proposés par la société pour laquelle il travaille. C'est un peu la même différence qu'entre le prêt-à-porter et le sur-mesure.

Il importe aussi que vous payiez la prestation en fonction d'un montant sur lequel vous vous serez mis d'accord, et non pas sous la forme d'une commission sur les produits que l'on vous vend. Le système de la commission est tentant (surtout si ce n'est pas vous qui payez cette commission), mais ce n'est généralement pas ainsi que l'on est le mieux conseillé. Vous risquez d'avoir affaire à quelqu'un qui cherchera à vous vendre des produits financiers pour le compte des sociétés qui lui versent les meilleures commissions. Ce qu'il vous faut, c'est un conseil impartial et adapté à votre situation particulière. Payer pour obtenir ce conseil est le seul moyen d'être sûr de l'obtenir.

> Assurez-vous que les conseils que vous allez suivre proviennent de quelqu'un possédant une qualification reconnue ou appartenant à un organisme approprié.

## Loi n° 53

# Ne bricolez pas

Une fois que vous avez arrêté votre choix, ne cherchez pas à peaufiner. Si vous commencez à y apporter des changements à court terme, vous risquez de ne rien améliorer du tout, bien au contraire. Vous risquez même d'avoir des frais supplémentaires et des pénalités à supporter. Il importe de bien réfléchir d'abord, de mettre au point votre projet, puis de prendre des décisions. Ensuite, n'y revenez pas.

C'est avant de prendre vos décisions que vous devez comparer les différentes possibilités, peser le pour et le contre et vous faire conseiller. Sur la base de toutes ces informations, vous allez ensuite formuler votre projet, votre objectif et votre stratégie. Une fois que vous aurez arrêté vos choix, sachez vous y tenir.

On a vite fait de paniquer. Nous craignons tous de nous retrouver sans emploi, sans ressources, criblés de dettes, etc. Je suis passé par là. Un jour, alors que j'avais défini un projet, je m'étais retrouvé paralysé par la peur de quitter un emploi sans lequel je ne croyais pas pouvoir survivre. J'ai tout de même fini par le quitter, et j'ai très bien survécu. On survit toujours.

Évitez de changer d'avis, de tergiverser et de bricoler. Les investissements portent souvent leurs fruits à long terme. Si vous y apportez des changements intempestifs, vous paierez davantage de frais et vous n'en obtiendrez pas le meilleur rendement.

Certes, il est souhaitable de surveiller vos investissements et le marché en général, mais mieux vaut vous en tenir à la stratégie et aux choix que vous aurez déterminés.

> **Une fois que vous aurez arrêté vos choix, sachez vous y tenir.**

## Loi n° 54

# Raisonnez à long terme

De même que vous ne devez pas bricoler, (*voir Loi n° 53*), vous ne devez pas privilégier le court terme. Dans vos plans comme dans vos attentes en matière de rendement, raisonnez à long terme.

Si c'est un enrichissement rapide et soudain que vous espérez, achetez un billet de Loto. Je vous souhaite d'avoir beaucoup de chance (vous en aurez besoin). L'enrichissement est un processus lent, et pour de bonnes raisons. Celui qui s'enrichit trop vite n'a pas le temps d'acquérir l'expérience ni la sagesse nécessaires, et il risque fort de tout dépenser.

Penser à long terme, c'est un peu penser en accéléré. Avez-vous déjà essayé d'écraser une mouche ? À peine avez-vous levé la main que la mouche, grâce à ses yeux très perfectionnés, anticipe la suite de votre mouvement et s'envole. Il s'agit de développer le même genre de capacité : être capable de percevoir à l'avance ce qui va se passer. Le seul moyen d'y parvenir est de penser à long terme.

La richesse est un peu comme un tigre que l'on souhaiterait apprivoiser. Il faudrait, pour cela, éviter les cris et les gestes brusques et agir avec calme, avec habileté et même avec amour. Prenez votre temps, afin de progresser lentement et tranquillement. Tout mouvement brusque risquerait de braquer l'animal.

Dans *Les 110 règles d'or du travail*, j'ai parlé de la nécessité de planifier sa carrière à la fois à court, moyen et long termes. Il en est de même pour les investissements. Il vous faut des investissements à court terme pour pouvoir disposer d'argent dans un avenir très proche, des investissements à moyen terme pour pouvoir espérer des rendements à cinq ou dix ans, et des investissements à long terme qui vous rapporteront davantage, mais dans un avenir plus éloigné.

La Loi n° 34 reste valable : il faut savoir prendre des décisions rapides, mais seulement après avoir envisagé les choses sur le long terme. *Le samouraï n'effectue qu'un geste, mais il aura passé toute sa vie à le préparer.*

> La richesse est un peu comme un tigre
> que l'on souhaiterait apprivoiser.

## Loi n° 55

# Réservez-vous une plage horaire fixe pour vous occuper de votre stratégie d'enrichissement

Il s'agit pour vous de vivre votre vie tout en vous enrichissant. D'après ce que j'ai pu observer, les gens qui sont à la fois riches et heureux sont ceux qui observent les quatre règles suivantes :

- Ils se fixent des objectifs, puis ils s'y tiennent.
- Ils ne s'embarrassent pas de vétilles.
- Ils s'occupent de leurs finances à un moment précis de leur journée (ce peut être aussi bien à dix heures du matin qu'à minuit).
- Ils savent se déconnecter de leurs soucis financiers et profiter de la vie.

S'il vous faut déterminer un moment de la journée pour vous occuper de votre projet d'enrichissement, c'est pour deux raisons. D'une part, cela vous permet de vous en occuper activement, plutôt que de remettre cette tâche à plus tard et de vous y consacrer finalement une fois par an. De même, cela vous permet aussi d'éviter de vous en préoccuper toute la journée (nous avons vu que ce n'était pas une bonne idée). D'autre part, cela vous permet de profiter de votre biorythme naturel et de travailler à ce projet au moment où vous serez le plus productif.

Si vous êtes du matin, vous choisirez une heure matinale. Sinon, peut-être qu'une tranche horaire en fin de journée vous conviendra mieux.

L'autre grand avantage d'une plage horaire fixe, c'est que cela vous permet de planifier votre activité et de ménager du temps dans votre agenda. Autrement, vous risqueriez d'oublier ou de consacrer ce temps à autre chose. Supposons, par exemple, que vous consacriez à votre projet une demi-heure par jour juste après le petit déjeuner. Cela devient donc une habitude, si bien que le jour où vous y dérogez, vous ressentez un manque (même pendant les vacances).

Ce système vous permet également de morceler votre projet en autant de petites tâches faciles à gérer que nécessaire, et d'éviter de vous retrouver submergé. Ainsi, vous progresserez pas à pas. Croyez-moi, je suis passé par là.

Cela devient donc une habitude, si bien que le jour où vous y dérogez, vous ressentez un manque.

# Loi n° 56

# Accordez une grande attention aux détails

C'est sans doute là que je pèche le plus, mais ma solution est simple. J'emploie quelqu'un pour gérer mon quotidien et pour se soucier des détails à ma place : quelqu'un qui est très doué pour s'occuper des détails. Certes, c'est une solution coûteuse. Apprenez à être vous-même attentif aux détails. Cela vous permettra d'être autonome et de réaliser des économies.

Il ne s'agit pas de consigner vos achats les plus insignifiants, ni d'économiser des bouts de chandelle. C'est un point que nous avons déjà abordé (*voir Loi n° 32*). Quand je parle de détails, voici de quoi il est question :

- lire les clauses écrites en petits caractères au bas du document ;
- vérifier les taux d'intérêt ;
- vérifier les frais et les tarifs ;
- prendre garde de payer les factures en temps et en heure pour éviter les pénalités ;
- prévoir la date à laquelle vous serez payé et investir assez vite pour que votre argent ne dorme pas ;
- ne pas oublier les autres ;
- ne pas oublier les anniversaires, les rendez-vous et les échéances ;
- dresser des listes et tout recenser ;
- ne pas oublier de demander l'information nécessaire ;
- ne pas oublier de poser des questions pour en savoir davantage ;
- veiller à bien garder la trace de toutes les transactions.

Il ne s'agit, en fin de compte, que de faire travailler votre mémoire. Faire travailler sa mémoire ou ses muscles, je suppose que vous connaissez le principe ? Il s'agit de répéter suffisamment un geste ou une action pour en imprimer le souvenir dans les muscles ou dans la mémoire. Plus l'action est répétée, plus elle devient facile à exécuter et moins l'effort est nécessaire.

C'est un peu comme la conduite. Au début, c'est un peu difficile, mais au bout d'un moment, les gestes deviennent automatiques. J'ai écrit cette partie de mon livre en France, au moment où je devais me concentrer pour pouvoir conduire avec un volant à gauche et rouler à droite, l'inverse de ce à quoi j'étais habitué. C'était d'autant plus difficile que mes enfants, sur la banquette arrière, se disputaient bruyamment. C'était un peu comme si j'avais dû réapprendre à conduire. Ajoutez à cela que toutes les indications n'étaient pas dans ma langue habituelle. C'est tout de même devenu pour moi de plus en plus facile. À la fin, je n'avais même plus besoin d'y penser, et je pouvais admirer le paysage tout en roulant.

> Apprenez à être vous-même
> attentif aux détails.

## Loi n° 57

# Créez de nouveaux flux de revenu

Quand il s'agit de s'enrichir, il importe d'investir judicieusement et de bien gérer son argent, mais rien ne remplace l'accroissement des ressources. Il est toujours profitable de réfléchir à l'origine de ses revenus et à la possibilité de créer une nouvelle source.

Il est bon de pouvoir remplacer une activité par une autre activité plus profitable, mais ici, il s'agit plutôt, pour vous, de vous lancer dans une nouvelle activité tout en poursuivant celle que vous aviez déjà. C'est un peu comme si vous pouviez vous dédoubler. Plus vous aurez de casquettes, plus vous pourrez faire du profit.

Cette fois-ci, plutôt que de me faire confiance aveuglément, je vous suggère de vérifier ce principe par vous-même. Intéressez-vous à une personne riche que vous admirez, et voyez si la diversité de ses activités n'est pas pour quelque chose dans sa réussite financière. Les riches ont généralement plus d'une source de revenu.

Ce principe de trouver une source de revenu complémentaire revêt une importance particulière pour ceux qui aiment leur travail mais ne sont pas grassement rémunérés.

Il existe au moins deux façons d'y parvenir. La première consiste à investir votre argent dans des actifs qui travailleront pour vous et vous apporteront un revenu même lorsque vous serez ailleurs. Mettre un bien immobilier en location est un exemple. Vous pouvez aussi acheter des actions pour percevoir des dividendes annuels.

L'autre moyen de trouver une source de revenu complémentaire consiste à exploiter vos compétences et votre savoir-faire de plus d'une manière et à ne plus vous contenter de mettre votre force de travail au service d'un employeur en échange d'un simple salaire.

Pour cela, il n'est pas nécessaire de quitter votre emploi salarié. Vous pouvez, par exemple, travailler en free lance, dans le même secteur ou dans un domaine complètement différent. N'auriez-vous pas un hobby, et de ce fait, d'autres talents exploitables ? Ne pourriez-vous pas en faire une activité professionnelle ? Ou bien, n'y aurait-il pas un domaine dans lequel vous pourriez enseigner ?

Quand je parle de créer de nouvelles sources de revenu, je veux dire que ce doit être de nouvelles sources *pour vous*, même si ces sources existent déjà depuis longtemps sur le marché. Tâchez simplement de bien exploiter tout votre savoir-faire et tous vos talents pour en tirer du revenu, et d'investir dans des actifs qui rapporteront pendant que vous vous occuperez d'autre chose (je sais bien que vous ne pouvez pas vous dédoubler physiquement).

Les riches ont généralement
plus d'une source de revenu.

# Loi n° 58

# Apprenez à raisonner en vous demandant : « Et si... ? »

Avant de décider de quelle façon vous allez gagner de l'argent et comment vous allez l'investir, posez-vous un certain nombre de questions de type « Et si... ? »

Je vous propose quelques exemples :

- Et s'il se produisait une nouvelle crise économique ?
- Et si cette banque faisait faillite, sans que je puisse récupérer mon argent ?
- Et si les cours de ces actions dégringolaient subitement ?
- Et si le cours de l'or s'effondrait ?
- Et si tous mes clients trouvaient moins cher ailleurs ?
- Et si je perdais mon emploi ?
- Et si les prix de l'immobilier baissaient ?
- Et si les réserves de pétrole s'épuisaient ?

Le jeu des questions de type « Et si » est un jeu auquel tout le monde peut jouer. Pour moi, poser ces questions est une façon de chercher le défaut de la cuirasse. En fait, il s'agit plutôt de s'attendre à quelque malchance. Chaque fois que je commence à gagner vraiment de l'argent, je m'imagine que quelqu'un, quelque part, provoque l'événement inattendu qui va tarir rapidement cette nouvelle source de revenu que je venais de trouver. Rechercher quel événement adverse pourrait bien se produire et transférer son argent vers un autre investissement, c'est ce qui donne du piquant à la prospérité. C'est aussi un questionnement essentiel pour quiconque recherche une source de revenu supplémentaire. On voit ainsi l'intérêt de diversifier ses activités.

Un bon exemple des dangers qu'il y a à mettre tous ses œufs dans le même panier est celui du footballeur obligé de prendre sa retraite avant trente ans. Alors qu'il gagnait des millions et semblait être à peine parvenu au sommet de sa carrière, voilà qu'il se fracture une cheville, et c'en est fini de ses rêves de richesse. N'ayant pas pensé qu'il aurait besoin d'avoir une autre corde à son arc, il n'a pas cherché à acquérir une autre formation.

Tout est dans la diversification : plus d'une source de revenu, un éventail d'investissements, et quel que soit l'événement imprévu, impondérable, votre position sera bien plus sûre. En vous demandant « Et si… ? », vous réduisez les risques susceptibles de compromettre votre richesse et votre enrichissement.

| |
|---|
| Tout est dans la diversification. |

# Loi n° 59

# Contrôlez votre frénésie de dépenses

Le plus sûr moyen de compromettre votre enrichissement est d'aller faire les magasins et de dépenser tout votre revenu (et même un peu plus, pour faire bonne mesure). Je suis moi-même enclin à céder à ce type de dépendance. Le fait d'avoir arrêté de fumer me sert d'excuse. Je ne sais plus quoi faire de mes mains, et manipuler ma carte bancaire est apparemment ce qui me permet de satisfaire un besoin profondément ancré chez moi. Cependant, si vous voulez que vos petits avoirs grossissent, il faut que vous résistiez à ce genre de compulsion. Une nouvelle voiture ? Des vacances au soleil ? Oubliez tout cela. Vous allez devoir jouer les grippe-sous pendant un moment, afin de préparer votre avenir.

Je vais vous confier un secret. La prospérité, c'est une course, une compétition, une ligne d'arrivée à atteindre. Nous prétendons tous y participer, mais certains ne sont même pas capables d'atteindre la ligne de départ, tant ils sont plombés par des croyances inutiles. Bien d'autres, par paresse, ont vite fait d'abandonner la course. Plus nombreux encore sont ceux qui se laissent décourager par la quantité de travail à fournir. Au stade où vous vous trouvez actuellement, plus nombreux encore sont ceux qui commettent l'erreur fatale de céder à la tentation et dépensent leur argent comme s'il n'y avait plus de lendemain.

Or, il y a un lendemain, et ce lendemain est vite arrivé. La nouvelle voiture toute pimpante devient vétuste en peu de temps. Des belles vacances, il ne reste bientôt plus que quelques photos d'endroits dont vous ne vous souvenez même plus, et vos nouvelles chaussures risquent d'encombrer votre placard plus sûrement qu'elles vous serviront.

Pour dire les choses simplement, les riches savent contrôler leurs envies et leurs dépenses : c'est ce qui leur permet d'être riches. Ils sont capables de se serrer la ceinture en cas de besoin.

C'est ce que vous devez faire, vous aussi : vous serrer la ceinture. Ce qu'il faut surtout, c'est d'abord éviter de la desserrer. Nous avons déjà parlé de remettre les plaisirs à plus tard, et j'espère que, depuis, vous avez au moins assimilé cette règle. Mettre un frein à cette frénésie de dépenses est absolument vital, et le meilleur moyen d'y parvenir est de ne jamais faire d'achats sur un coup de tête. Si vous voyez quelque chose qu'il vous semble vraiment nécessaire de posséder, attendez une semaine. Ensuite, demandez-vous si vous en avez toujours autant besoin ou envie. Bien souvent, la réponse sera négative. Servez-vous du temps et de la distance pour éloigner la tentation.

Les riches savent contrôler leurs envies et leurs dépenses : c'est ce qui leur permet d'être riches.

## Loi n° 60

# Ne répondez pas aux publicités vantant des méthodes pour devenir riche

Si vous écrivez sur votre moteur de recherche préféré l'expression « comment gagner de l'argent », vous obtiendrez une liste de plus d'un million de liens. C'est moins qu'en lançant une recherche sur le mot « sexe* », mais c'est tout de même un bon indicateur de ce que nous voulons. Croyez-moi, toutes ces recettes miracles sont inefficaces. En réalité, si, elles sont efficaces, mais pas pour vous, pas pour les pauvres bougres qui payent. Elles sont efficaces pour ceux qui vous les proposent. Ces méthodes pour devenir riche enrichissent surtout leurs promoteurs**.

Dans les années quatre-vingt, on a vu apparaître de nombreuses petites annonces proposant aux gens de gagner de l'argent en vendant des systèmes de purification de l'eau. Invité à une ou deux rencontres sur ce thème, j'avais été surpris de constater la rapidité avec laquelle les gens adhéraient et signaient tout contrat qu'on leur demandait de signer, pour espérer gagner beaucoup d'argent moyennant très peu d'efforts. Leur tâche ne consistait-elle pas tout simplement à vendre des purificateurs d'eau à quelques amis et à quelques relations ? Où

---

* Sur Google, vous obtenez au moins 34 millions de résultats pour « sexe » (et 600 millions pour « sex »), et à peu près autant pour « Dieu », mais nous pouvons garder espoir car « travail » donne tout de même près de 80 millions de résultats.

** Sur Google, une recherche avec l'expression « argent facile » donne plus de 4 millions de résultats.

sont-ils aujourd'hui, tous ceux qui ont signé à l'époque et y ont mis leurs économies, persuadés qu'ils allaient faire fortune ? Curieusement, je n'en rencontre pas un seul.

J'aime ce que disait Woody Allen sur l'idiot et son argent : comment ont-ils pu se rencontrer* ?

Quand j'étais enfant, je me souviens avoir lu quelque chose à propos de deux escroqueries et avoir pensé qu'il fallait que les gens soient vraiment crédules pour tomber dans le panneau. La première annonce promettait un insecticide censé tuer toutes les petites bêtes indésirables, y compris les souris. En échange d'un chèque de cinq livres (ou dollars, je ne sais plus), on recevait deux petits bouts de bois et une notice expliquant qu'il fallait attraper l'animal ou l'insecte, le placer sur le premier bout de bois et l'écraser ensuite à l'aide du second bout de bois. Je ne plaisante pas du tout. Les auteurs de cette escroquerie ont gagné beaucoup d'argent avant d'être arrêtés. L'autre escroquerie consistait à proposer, également en l'échange d'une somme modique, un mètre de soie, alors qu'il y avait pénurie de soie (notez que le prix est toujours assez réduit pour que l'on soit tenté). On obtenait un fil de soie d'un mètre de long : l'annonce ne spécifiait pas la largeur de l'échantillon.

Vous pensez peut-être que vous êtes trop malin pour être la victime de ce genre d'arnaque ? Les arnaques ne sont pas toutes aussi évidentes, et vous ne le croiriez peut-être pas, mais des gens très intelligents se font avoir. Sachez surtout qu'il n'existe pas de truc pour devenir riche rapidement. Répétez après moi : il n'existe pas…

> **L'idiot et son argent :**
> **comment ont-ils pu se rencontrer ?**

* Ce n'est peut-être pas Woody Allen qui a dit cela, bien qu'un grand nombre de citations sur l'argent et sur Dieu, souvent cyniques, lui soient attribuables, mais c'est bel et bien lui qui a écrit que l'argent était préférable à la pauvreté, ne serait-ce que pour des raisons financières.

# Loi n° 61

# Il n'y a pas de secret

De même qu'il n'existe pas de système pour devenir riche rapidement, il n'existe pas de secret : n'allez donc pas payer pour l'un ni pour l'autre. À partir du moment où vous aurez pris l'habitude de porter votre attention sur ce projet, vous serez confronté à toutes sortes de propositions. On vous fera miroiter les secrets que seuls les gens vraiment riches connaissent.

On vous proposera des abonnements coûteux à des revues ou à des newsletters censées vous révéler les secrets de Wall Street, les ficelles de la Bourse, les trucs pour réaliser des investissements magiques, les moyens de placer votre argent sur des comptes à l'étranger et d'éviter de payer des impôts. Tout cela pour le seul prix d'un abonnement annuel !

Voulez-vous que je vous dise ? Le seul secret, c'est qu'il n'y a que des arnaques. Maintenant que vous êtes dans le secret, vous êtes en mesure, vous aussi, de dire non, tout simplement. Personne, à part vous-même, ne fera de vous un homme ou une femme riche. Personne au monde n'en sait plus que vous. Personne n'a accès à davantage d'information que vous.

Le secret, pour gagner de l'argent, c'est qu'il n'y a pas de secret. Vous achetez quelque chose, et si vous le vendez pour plus cher que vous l'avez payé, c'est gagné. Ce principe s'applique à tout ce qui est financier : actions, investissements, biens immobiliers, participations, comptes d'épargne, marché à terme, réserves d'or et coquillages.

Une des premières lois que nous avons apprises est que seuls les gens travailleurs pouvaient devenir riches. Comprenez-vous maintenant pourquoi ? Pour savoir comment procéder, quelques efforts sont déjà nécessaires. Si vous croyez encore aux raccourcis, non seulement vous allez être déçu, mais vous allez vous retrouver dans une moins bonne situation que si vous n'aviez pas investi dans ce genre de tromperie. Non seulement les gens paresseux ne s'enrichissent pas, mais ils finissent souvent par s'appauvrir, à force de chercher ce genre de raccourci illusoire.

> Personne, à part vous-même, ne fera de vous un homme ou une femme riche.

## Loi n° 62

# Ne vous contentez pas de lire ce livre : agissez

Il est temps de bouger. Lire ce livre est un bon début, mais ce sera peine perdue si vous n'agissez pas pour de bon. Au cours de votre lecture, il vous est sans doute arrivé de vous dire «Oh, je sais cela parfaitement!» ou bien «C'est tellement évident...» Vous le savez, soit, mais avez-vous réellement agi en conséquence? Certaines règles sont évidentes, mais les avez-vous appliquées? Chez la plupart d'entre nous, il existe un grand décalage entre ce que nous savons et ce que nous faisons. Vous contenter de lire ces lignes est absurde : il faut que vous suiviez ce que vous pensez être une bonne idée, et que vous agissiez sans tarder.

Faites les choses à votre rythme. Changer de direction est souvent difficile, et développer de nouveaux traits de caractère peut être une chose pénible. Commencez par changer l'objet de votre attention et vos lectures. Commencez par lire simplement l'actualité du monde des affaires. Commencez par voir autrement ce qu'est l'argent et ce qu'il représente, et par prendre conscience de la façon dont certains mythes que nous entretenons influencent nos rapports avec l'argent.

Pour changer d'état d'esprit, changeons notre façon de nous comporter et de nous conduire.

- Prenez conscience de la façon dont vous parlez de l'argent et dont vous pensez à l'argent. Avez-vous tendance à louer ses vertus, ou à lui associer une image négative ? Commencez à y réfléchir et à en parler, et vous serez surpris de la rapidité avec laquelle certaines choses vont se révéler.
- Prenez conscience de votre posture et de votre façon de marcher. N'avez-vous pas tendance à vous avachir ? Ne donnez-vous pas une impression de soumission ou de résignation ? Paraissez-vous sûr de vous, dynamique et motivé à progresser ? (*Voir aussi Loi n° 22.*)
- Souciez-vous aussi de l'impression générale que vous donnez. Si vous vous plaignez trop, les gens auront tendance à vous prendre pour une personne infortunée et à agir en conséquence à votre endroit. Le mieux est de vous comporter et d'agir « comme si » vous étiez déjà riche. Votre entourage vous percevra et vous traitera comme tel.

Nombreux sont ceux qui abandonnent ce projet en cours de route, même s'ils affirment vouloir s'enrichir. Ce n'est pas qu'ils ne le désirent pas réellement, mais plutôt qu'ils manquent de motivation et qu'ils ne sont pas assez entreprenants. Commencez maintenant, aujourd'hui même, tout de suite.

> Changer de direction est souvent difficile, et développer de nouveaux traits de caractère peut être une chose pénible.

# Devenir encore plus riche

Une fois que vous avez amassé une certaine somme, tout devient plus facile. L'argent fait l'argent. À une vente aux enchères, vous pourrez faire des affaires bien plus intéressantes si vous disposez de cinq mille euros que si vous disposez seulement de cinquante euros. C'est le premier million qui est le plus difficile à gagner. Plus sérieusement, une fois que vous avez commencé à entreprendre de devenir riche, ne vous arrêtez pas pour contempler votre acquis. Ce serait le moyen le plus rapide de le faire disparaître. Restez alerte et dynamique, continuez dans votre élan, toujours plus actif et plus diligent, et ne quittez surtout pas la balle des yeux.

À mesure que vos investissements et votre capital commencent à grossir, vous aurez peut-être besoin, pour plus d'efficacité encore, d'avoir autour de vous quelques conseillers en qui vous pourrez avoir confiance, et surtout, que vous pourrez écouter. Cependant, en fin de compte, c'est à vous qu'il reviendra de prendre les décisions.

Vous devrez non pas vous reposer sur vos lauriers, mais être à l'affût des opportunités qui ne sont pas toujours visibles. Vous devrez rester au fait des dernières évolutions, suivre vos intuitions, comprendre le marché, savoir à tout moment quels sont vos avoirs et ce que vous pouvez dépenser, investir et épargner.

Le moment est venu de commencer à étudier la manière dont vous pouvez profiter de toutes les opportunités, en pratiquant la pensée latérale, en évitant de suivre le troupeau, en étant créatif et en innovant, etc. Si vous voulez gagner beaucoup d'argent, il s'agit de ne pas faire comme tout le monde…

## Loi n° 63

# Vérifiez régulièrement votre santé financière

Il est essentiel de surveiller de façon régulière vos soldes bancaires. Naturellement, vous êtes libre de procéder à cette vérification de l'état de vos finances à la fréquence que vous jugerez appropriée, mais si vous voulez mon avis, une vérification hebdomadaire est ce qu'il y a de plus indiqué.

D'après mes observations, plus souvent vous contrôlerez votre santé financière :

- plus vite vous pourrez réagir aux événements ;
- plus vous disposerez d'informations pour prendre vos décisions ;
- moins il y aura de risque qu'un problème s'aggrave sans que vous vous en aperceviez ;
- plus vos finances seront pour vous un centre d'intérêt.

J'insiste, mais il faut vraiment que vous soyez discipliné. Prenez l'habitude de vous installer à votre bureau, toujours à la même heure, pour effectuer les tâches suivantes :

- un rapprochement bancaire ;
- un état de vos créances et de vos dettes ;
- un rapprochement entre vos relevés de carte bancaire et vos reçus ;
- une vérification des chèques émis et non encore encaissés ;
- un point sur vos revenus futurs et sur les principales dépenses auxquelles vous risquez de devoir faire face dans un avenir prévisible ;
- un état de vos ordres de prélèvement et de virement ;

- un état de vos cotisations de retraite ;
- un état de vos investissements ;
- un point sur vos éventuels emprunts ;
- un contrôle de vos éventuels découverts bancaires, etc. (je sais, j'ai déjà dit qu'il ne fallait pas avoir de découvert, mais vous êtes humain).

Si vous négligez ce genre de contrôle régulier, vous laisserez votre argent filer. Oublier une dette ne fait nullement baisser les intérêts.

Il importe que vous vous imposiez une discipline et des habitudes. Effectuez ces contrôles tous les lundis matin, par exemple, sans exception. Même s'il fait un temps magnifique, même si vous êtes en vacances, même si vous ne vous sentez pas en forme, même si vous avez des choses plus amusantes à faire. En réalité, si cela ne vous amuse pas, je crains que vous ne puissiez jamais mener à bien ce projet.

Personnellement, je pense que vous devriez savoir jour après jour ce que vous gagnez. Enfin, il faudrait que vous sachiez quelles grosses sorties d'argent vous êtes susceptible de devoir effectuer au cours des douze prochains mois, y compris un versement que l'on oublie très souvent : les impôts. Faites-y très attention, et ne vous permettez aucune négligence, car il vous en coûterait à chaque fois.

Oublier une dette ne fait nullement baisser les intérêts.

# Loi n° 64

# Trouvez-vous des conseillers

En dehors de l'écriture de livres pratiques, j'ai un métier. J'ai même plusieurs activités professionnelles, et je suis à la tête de plusieurs entreprises. Je ne me crois pas omniscient. Je sais qu'il y a des choses que je devrais savoir et que j'ignore. Il doit y avoir aussi des millions de choses que j'ignore sans même le savoir. Ma solution consiste à profiter du savoir des autres pour compenser mes propres lacunes. J'ai des conseillers pour toutes sortes de situations mais, pour le moment, je ne parlerai que des conseillers financiers.

Pourquoi devriez-vous recourir à des conseillers financiers ?

- Parce qu'ils peuvent vous faire profiter de leur expérience variée.
- Ils vous obligent à présenter vos idées de façon claire et concise, et pour cela, à bien réfléchir à vos projets et à ce que vous faites.
- Ils vous amènent à justifier ce que vous faites, si bien que vous risquez moins de dérailler.
- Ils sont là pour vous apporter des réponses, pour vous donner des conseils, etc.
- Chacun d'eux se tient informé de tout, et ils peuvent constituer ensemble une bonne source (un peu comme une revue de presse).
- Étant indépendants, ils n'ont pas d'intérêts en jeu dans vos projets.
- Étant indépendants, ils seront loyaux et constitueront pour vous une équipe sur laquelle vous pourrez compter.

Les entrepreneurs qui réussissent recourent souvent à des conseillers. Ils recherchent l'aide, les conseils et parfois aussi les contacts de quelqu'un qui a réussi avant eux dans la création d'entreprise. La plupart des hommes d'affaires expérimentés acceptent de jouer ce rôle. Ils ne demandent pas mieux que de transmettre leur savoir. Ils aiment cela.

Ici, vous avez sans doute quelques questions qui vous viennent à l'esprit :

- De quelle sorte de conseiller ai-je besoin ?
- Où vais-je trouver de tels conseillers ?
- Combien cela va-t-il me coûter ?
- Pourrai-je les ignorer lorsque je ne serai pas d'accord avec eux ?

Ce qu'il vous faut, ce sont des conseillers qui auront prouvé leurs compétences en matière financière en ayant eux-mêmes amassé une petite fortune – et pas en héritant ni en gagnant au Loto. Pour les trouver, cherchez autour de vous. Quelqu'un qui a réussi et que vous admirez sera sans doute flatté que vous vous adressiez à lui.

Cela ne devrait pas vous coûter plus de quatre bons déjeuners par an. Vous les invitez à déjeuner et, en retour, ils vous dispensent des conseils, des informations, des suggestions, des mises en garde, avec en prime leur soutien et leurs encouragements.

Enfin, pouvez-vous ignorer leurs conseils s'ils ne vous plaisent pas ? Oui, bien évidemment. Moi, il m'est arrivé une fois, une seule fois, d'ignorer un conseil. Cela m'a coûté cher. Je m'en suis publiquement excusé, et plus jamais je ne recommencerai.

> Trouvez-vous des conseillers qui ont prouvé leurs compétences en matière financière en ayant eux-mêmes amassé une petite fortune.

# Loi n° 65

# Suivez vos intuitions

Laissez vos intuitions affleurer, et suivez-les. Écoutez votre cœur. Parfois, une petite voix intérieure vous dit que quelque chose sent le soufre. Dans certaines situations, vous savez que les choses sont tout à fait normales. Il faut que vous ayez confiance en vous.

Bien sûr, avoir des intuitions, suivre ses intuitions et divaguer sont trois choses différentes.

Pour bien appliquer cette Loi, la formule est un peu plus délicate que ce que vous pensez peut-être :

- notez votre intuition ;
- faites une recherche pour voir s'il serait bon de suivre cette intuition (en général, il est bon de la suivre, mais il est préférable de vérifier) ;
- préparez une proposition élaborée, à soumettre à vos conseillers ;
- présentez votre proposition ;
- écoutez leur réponse, et agissez selon leur conseil.

En cas de désapprobation, inutile de pleurnicher. Si vous n'avez pas pu justifier votre brillante intuition par des faits ou par des chiffres, elle ne vaut guère plus qu'un coup d'épée dans l'eau. Ce n'est pas parce que votre inspiration est une intuition que vous ne devez pas la justifier. Vous n'en avez pas moins besoin de préparer des chiffres et de développer un plan. Il faut être tout à la fois intuitif, sensible, pratique et réaliste.

Nombreux sont ceux qui ont brillamment réussi grâce à un unique moment sublime d'inspiration. Cependant, à partir de cette inspiration, ils ont transpiré (désolé) et se sont démenés pour faire de leur rêve une réalité. Je suis sûr que beaucoup de gens ont pris cela pour de la chance. Non, ce n'est pas de chance qu'il s'agit. Il s'agit d'une intuition suivie d'un travail de longue haleine.

> Bien sûr, avoir des intuitions, suivre ses intuitions et divaguer sont trois choses différentes.

## Loi n° 66

# Ne vous reposez pas sur vos lauriers

Vous connaissez l'expression « se reposer (ou s'endormir) sur ses lauriers » ? Selon un proverbe anglo-saxon, rien ne fane plus vite que les lauriers sur lesquels on se repose. C'est très vrai. Quand on a commencé à gagner un peu d'argent, quand on a obtenu les fruits d'un investissement, on est souvent tenté de marquer une pause. On peut le faire, mais ce n'est pas à conseiller. C'est au contraire le moment de passer à la vitesse supérieure, de mettre davantage de fers au feu. C'est le moment d'étudier ce qui vous entoure et de mettre au point votre prochain plan d'attaque. C'est le moment de frapper, de capitaliser et de consolider, plutôt que de quitter la balle des yeux.

Ramper hors du marécage et retomber dans la boue est à la portée de tous, mais les gens qui s'enrichissent sont ceux qui continuent de lutter jusqu'à ce qu'ils se soient complètement libérés de la vase et de la boue. Un seul jour de relâche suffit pour commencer à glisser sur la mauvaise pente, et le prochain effort sera encore plus difficile. Je sais ce que c'est, je suis passé par là.

Par conséquent, redoublez d'efforts. Ravivez votre enthousiasme. Rallumez les feux du désir, et remettez-vous au travail.

Vous ne devez pas faire de pause. Les riches ne connaissent pas les jours de congé, les pauses déjeuner, les pauses café ni les ponts. Ils restent sur la brèche, gardent le nez dans le guidon, ne quittent pas la balle des yeux et maintiennent la cadence. Tout cela à la fois ! Ils retroussent leurs manches, travaillent dur et savourent les fruits de leurs efforts. Et après tout cela, on leur dit qu'ils ont eu de la chance.

Quelle que soit l'activité qui vous a permis d'obtenir un premier succès, vous devez la poursuivre sans relâche. Si c'est une vache à lait, exploitez-la jusqu'à ce qu'elle rende l'âme. Si c'était une idée lumineuse dont la réalisation ne pouvait avoir qu'un temps, trouvez-en une autre. Si vous devez votre succès à un travail acharné, continuez. S'il s'agit d'une formule gagnante, trouvez-en d'autres. Dans tous les cas, ne vous détournez pas de la source tant qu'elle n'est pas tarie.

Rappelez-vous que vous ne devez jamais avoir la grosse tête. Ne vous imaginez pas que vous avez accédé à la connaissance suprême. Continuez de recourir à des conseillers, tout en travaillant plus dur que tout votre entourage.

En même temps, n'oubliez pas la façon dont vous êtes arrivé là où vous êtes aujourd'hui : où vous vous êtes rendu, quelles méthodes vous avez utilisées, quel plan vous avez suivi, etc. N'oubliez pas la Loi « Ne bricolez pas » et ne changez rien, à moins d'être sûr que ce changement ne pourra qu'améliorer encore le résultat sans être fatal à l'entreprise.

C'est le moment de frapper,
de capitaliser et de consolider.

## Loi n° 67

# Ce que vous ne pouvez pas faire vous-même, faites-le faire par quelqu'un

Si je m'entoure de conseillers, c'est parce que, dans mes affaires lucratives, il y a énormément à faire dans des domaines dans lesquels je ne connais rien. Il y a aussi beaucoup de tâches que je serais incapable d'effectuer moi-même. Je pourrais apprendre à les mener à bien, mais mes talents sont ailleurs. Pourquoi irais-je apprendre ce que d'autres, bien plus compétents que moi, peuvent faire à ma place ? Faites ce que vous savez bien faire, et faites faire le reste par d'autres. C'est tout simple. Choisissez des personnes vraiment compétentes, et confiez-leur ces tâches qui vous permettront de gagner vraiment beaucoup d'argent.

Voici maintenant dix règles pour être sûr de trouver les bons collaborateurs et de les garder :

- Sachez exactement ce que vous voulez faire faire et par qui vous voulez que ce soit fait.
- Soyez très clair sur ce que vous voulez que vos collaborateurs fassent pour vous, sur la rémunération que vous leur verserez pour cela et sur les directives et l'aide que vous leur donnerez.
- Traitez-les avec égards : ce sont des êtres humains, il ne s'agit pas de les considérer comme de simples instruments.
- Tenez-les informés et motivez-les : inspirez la loyauté.

- Faites-leur part de votre stratégie à long terme : ils sont concernés, eux aussi, car leur avenir et le vôtre sont liés.
- S'ils échouent, s'ils ne sont pas toujours à la hauteur – et cela leur arrivera de temps à autre, cela nous arrive à tous (sauf peut-être à moi) – procédez aux corrections nécessaires et passez à autre chose. Il est bon de savoir pardonner.
- Complimentez-les chaque fois que possible : rien n'inspire davantage que les compliments (à part l'argent, bien sûr).
- Fixez des objectifs réalistes, et n'espérez pas l'impossible.
- Donnez le bon exemple, soyez quelqu'un qu'ils puissent respecter et prendre pour modèle (personne n'aime travailler pour un abruti) ; placez la barre haut, et soyez vous-même à la hauteur.
- N'oubliez pas que vous êtes leur patron, et non leur ami. Tâchez de cultiver la dignité, la distance et l'autorité.

Ces dix règles devraient suffire. Vous pourrez aussi les adapter ou en essayer d'autres, libre à vous. L'important est de ne pas être un patron insensible, de traiter vos collaborateurs avec respect et d'aimer ce que vous faites.

En ce moment, par exemple, j'ai une merveilleuse comptable, qui soupire car je suis toujours en train de chercher comment ne pas payer plus d'impôts que nécessaire : comme chacun de nous, non ? Mais je me contente de lui poser des questions. Pour le reste, je lui laisse carte blanche. Notre relation de collaboration fonctionne très bien (les soupirs mis à part).

> Choisissez des personnes vraiment compétentes, et confiez-leur ces tâches qui vous permettront de gagner vraiment beaucoup d'argent.

## Loi n° 68

# Sachez qui vous êtes : si vous êtes quelqu'un qui peut travailler en solo, en duo ou en équipe

Si vous êtes sur le point de changer de cap, en l'occurrence pour devenir riche, il faut que vous sachiez :

- quels sont vos points forts et vos points faibles ;
- dans quoi vous êtes bon – et aussi, bien évidemment, dans quoi vous n'êtes pas bon (ne pas confondre avec vos points forts et vos points faibles).

Moi, par exemple, je suis bon lorsqu'il s'agit de définir une vision générale et d'agir de façon globale, mais je ne suis pas très doué pour soigner les détails.

Voyez-vous l'idée ? Il importe que vous ayez une bonne connaissance de vous-même. Ainsi, vous pourrez vous concentrer sur ce que vous savez faire, et faire faire par quelqu'un d'autre ce pour quoi vous n'êtes pas le meilleur (ou ce que vous n'avez pas pris le temps d'étudier).

Ensuite, il faut que vous sachiez si vous travaillez mieux avec un partenaire, en équipe ou tout seul. Personnellement, j'ai toujours besoin d'un partenaire pour compenser mes excès : j'ai désespérément tendance à ruer dans les brancards, à manquer de diplomatie, à gaspiller de l'argent dans la publicité et à négliger les détails. En même temps, je ne suis vraiment pas capable de bien travailler dès que j'ai plus d'un coéquipier. Par conséquent, s'il se présente une opportunité d'affaire pour laquelle un travail d'équipe est indispensable, je dois soit y renoncer, soit m'arranger pour que ce soit faisable à deux. Autrement, je sais que je risque surtout de faire du mauvais travail.

Je sais aussi faire du bon travail quand je travaille seul. Je prends facilement des décisions (ce ne sont pas toujours les bonnes, mais au moins, je ne tergiverse pas), je me plais longtemps dans la solitude et je n'ai besoin de personne pour trouver des idées et leur donner l'apparence de la réalité. Je peux très bien voyager seul, et je suis tout à fait capable de plaider seul ma propre cause. Savoir qui vous êtes, voyez-vous ce que cela signifie ?

Si vous voulez faire partie des bâtisseurs de fortunes, cet exercice est indispensable. Posez-vous les questions suivantes :

- Suis-je performant quand je travaille seul, ou ai-je besoin d'être entouré ?
- Est-ce que je m'intègre bien dans une équipe ?
- Puis-je travailler efficacement en tandem avec un partenaire fiable ?
- Est-ce que je sais quels sont mes points forts et mes points faibles ?
- Est-ce que je sais dans quels domaines j'excelle et dans lesquels je n'excelle pas ?

Mon associé me dit que si nous formons un tandem efficace, c'est parce que nous sommes « le cerveau et les muscles ». Le seul problème, c'est que chacun de nous se voit comme le cerveau, et voit l'autre comme les muscles.

> J'ai toujours besoin d'un partenaire
> pour compenser mes excès.

## Loi n° 69

# Soyez à l'affût des ressources et des opportunités cachées

Vous devez être en permanence sur le qui-vive, tous vos sens en alerte et à l'affût de la moindre opportunité. Un vieux proverbe sénégalais dit que les opportunités envoyées par le ciel n'éveillent pas ceux qui sont endormis. Réveillez-vous ! Le sommeil, c'est pour les paresseux, les indolents, les traîne-misère. Ceux qui s'enrichissent, ce sont ceux qui ont soif de connaître et de réussir, qui guettent les opportunités et qui savent les saisir. Les possibilités de faire fortune existent à tout moment, tout autour de nous. Il suffit de rester ouvert à toutes ces possibilités et à la magie des événements.

Pour partir à la chasse au trésor, cinq conditions suffisent :

- **Savoir gérer le temps.** C'est une chose essentielle, car si vous ne réagissez pas assez vite, vous manquez le coche ; tandis que si vous allez trop vite, vous risquez de tout gâcher. Les marchés évoluent, la mode change et les produits deviennent vite obsolètes.
- **Être sérieux.** Être sur la brèche de temps en temps, un jour sur deux ou seulement le matin n'a aucun sens. Les opportunités cachées ne se révèlent qu'au moment où il leur prend l'envie de se révéler. Je me les imagine toujours comme de petites bêtes craintives qui s'approcheraient subrepticement d'un trou d'eau. Pour pouvoir en attraper une, il faut beaucoup de patience et d'adresse.

- **Avoir de la personnalité.** Quand les opportunités sont rares, il importe de sortir du lot. Soyez unique, spécial, créatif, original, excentrique, tout ce que vous voudrez, mais distinguez-vous du troupeau (pour reprendre l'analogie avec les animaux).
- **Savoir ce que l'on fait.** La richesse, comme tout autre talent, doit faire l'objet d'un apprentissage. Donnez-vous les moyens de détecter les opportunités et de les exploiter. Vous ne pourrez pas acheter un journal financier et décider de comprendre son contenu à compter de la date d'aujourd'hui. Cela demande du temps et des efforts soutenus. Quand vous aurez acquis la connaissance nécessaire, vous verrez bien plus clairement les opportunités. Il existe une technique de management appelée l'analyse SWOT, un acronyme signifiant Strengths (forces), Weaknesses (faiblesses), Opportunities (opportunités), Threats (menaces), quatre éléments que vous ne devez pas perdre de vue.
- **Être séduisant.** Si vous sentez mauvais, vous ferez fuir la petite bête craintive. Soyez propre sur vous, élégant, ayez l'haleine fraîche et rayonnez.

Avez-vous remarqué ? Lorsque vous envisagez de changer de voiture, vous voyez soudain apparaître autour de vous des centaines de voitures de la marque ou du modèle que vous convoitez. En réalité, il n'y en a pas plus que la veille, mais jusqu'ici, vous n'y faisiez pas attention.

Pour les opportunités, c'est un peu la même chose. C'est à partir du moment où nous commençons à leur accorder notre attention que nous les voyons apparaître tout autour de nous.

Il est essentiel de mettre nos sens en éveil et de rechercher les opportunités, lesquelles apparaissent alors comme par magie.

> Les opportunités envoyées par le ciel
> n'éveillent pas ceux qui sont endormis.

# Loi n° 70

# N'essayez pas de devenir riche trop vite

Comme nous l'avons vu, il faut que vous pensiez sur le long terme. Tenter de devenir riche rapidement, c'est se condamner à la déception et à l'anxiété. D'autre part, si vous ne voulez pas que votre fortune nouvellement acquise se désagrège comme un château de sable, il vous faut constituer des bases solides. Plus vous mettrez du temps à bâtir votre fortune, plus vos investissements et vos sources de revenu pourront être diversifiés.

Au contraire, si vous amassez de l'argent trop rapidement, ce sera grâce à un filon unique et qui pourra facilement se rompre.

Prendre le temps de s'enrichir, c'est généralement :

- se préparer des sources de revenu à long terme ;
- s'assurer contre les crises et les revirements soudains du marché ;
- ménager du temps pour profiter de la vie, pour éviter de trop bouleverser l'équilibre entre travail et vie privée ;
- devenir de plus en plus talentueux pour gagner de l'argent de façon honnête et irréprochable ;
- avoir le temps de procéder aux réajustements nécessaires et éviter de dépenser l'argent à tort et à travers ;
- acquérir l'expérience nécessaire pour s'assurer une sécurité financière sur le long terme.

Si vous vous enrichissez trop rapidement, vous risquez :

- de dépenser l'argent gagné de façon inappropriée ;
- de ne pas avoir le temps d'apprendre à le gérer ;
- d'être dépendant d'une filière unique, qui pourrait se tarir.

Si vous voulez absolument gagner beaucoup d'argent rapidement, prenez exemple sur Stella Liebeck, qui avait intenté un procès à McDonald's après s'être brûlée en renversant un café trop chaud. Elle avait failli obtenir 2,9 millions de dollars, une somme ramenée par la suite à 640 000 dollars.

Il ne s'agissait sans doute pas d'un plan prémédité, mais l'opération s'était révélée payante, et rapidement. Personnellement, je préférerais amasser une fortune lentement mais de façon agréable, et sans être obligé de poursuivre quiconque pour cela. Je préfère aussi procéder de cette manière plutôt que jouer au Loto, perdre un être cher ou être obligé d'épouser une personne que je n'aime pas, afin d'épouser sa fortune. Bâtissez vous-même votre fortune, lentement mais sûrement, ce sera plus gratifiant et plus durable et vous pourrez dormir la conscience tranquille.

> Plus vous mettrez du temps à bâtir votre fortune, plus vos investissements et vos sources de revenu pourront être diversifiés.

## Loi n° 71

# Demandez-vous toujours quelle est la motivation de votre interlocuteur

Dès qu'il s'agit de votre argent, une petite dose de paranoïa ne nuit pas. Dans le monde dans lequel nous vivons, les requins ne manquent pas. Soyez sur vos gardes et évitez d'être une proie facile.

Quand il questionne un homme politique, Jeremy Paxman, un célèbre présentateur de télévision britannique, part toujours du principe que son interlocuteur a quelque chose à cacher et qu'il s'agit de trouver ce dont il s'agit, et pourquoi il le cache.

Il ne s'agit évidemment pas ici de soupçonner tout votre entourage de vouloir vous escroquer, mais il existe une bonne technique que vous pourriez utiliser chaque fois que quelqu'un :

- vous propose un système censé vous permettre de gagner de l'argent ;
- vous propose de « s'occuper » de votre argent ;
- cherche à investir dans vos projets ;
- vous propose des conseils dans le domaine de la finance ;
- vous propose une collaboration ;
- vous propose un partenariat ;
- vous propose un produit ou un service.

Dès que quelque chose ou quelqu'un est susceptible d'interférer avec votre richesse, soyez sur vos gardes. Méfiez-vous de quiconque :

- vous fait miroiter un enrichissement rapide par des moyens douteux ou en contournant les lois ;

- prononce le mot « offshore » ;
- vous parle de marketing multiniveaux ou de vente pyramidale ;
- affirme être extrêmement riche et vous offre de partager ses secrets : le vrai secret, c'est que ces gens-là s'enrichissent aux dépens des personnes comme vous (*voir Loi n° 61*) ;
- vous propose de vous enrichir grâce à l'Internet ;
- vous demande de l'argent pour l'investir ou dans le cadre d'une enquête, ou cherche à vous vendre des articles promotionnels.

Enfin, trois choses à ne jamais oublier :

- Si ça ressemble à un canard, si ça nage comme un canard et si ça cancane comme un canard, c'est qu'il s'agit d'un canard, et ne laissez personne vous affirmer le contraire.
- Si cela semble trop beau pour être vrai, c'est probablement trop beau pour être vrai.
- Tout ce qui brille n'est pas d'or.

N'oubliez pas, non plus, de vous demander quelle est la motivation de votre interlocuteur. Ne faites confiance à personne. Ne confiez votre argent à personne. Avant de signer quoi que ce soit, lisez bien ce qui est écrit en petits caractères. Soyez sur vos gardes.

> Dès que quelque chose ou quelqu'un est susceptible d'interférer avec votre richesse, soyez sur vos gardes.

## Loi n° 72

# Faites travailler votre argent

Nombre d'entre nous, honte à eux, gaspillent leur argent dans la mesure où ils n'en font pas le meilleur usage, qu'il s'agisse d'une petite ou d'une grosse somme et que ce soit à long terme ou à court terme. Il y a les chèques que l'on tarde à encaisser et l'argent que, par négligence, on laisse dormir sur un compte non rémunéré.

Voici quelques conseils pour éviter cela :

- Ne laissez pas votre argent dormir sur votre compte-courant : placez-le sur un compte rémunéré, ne serait-ce que pendant quelques jours. Grâce à la banque électronique, il est devenu possible et facile de virer l'argent le jour même d'un compte à l'autre, dans un sens puis en sens inverse si nécessaire.
- Ne vous contentez jamais du taux d'intérêt que l'on vous propose : il existe toujours mieux ailleurs. Cherchez activement.
- Pour tous les services payants, cherchez la meilleure formule. Il en existe toujours de moins chères. Ne payez pas plus sous prétexte qu'il s'agit d'une maison renommée, payez pour ce que l'on vous donne.
- Ne laissez pas un bien immobilier inoccupé : même s'il prend de la valeur, il est dommage de ne pas en tirer un loyer.
- Si vous investissez dans un actif qui prend de la valeur, ne peut-il pas, en même temps, avoir une utilité ? Ne vaudrait-il pas mieux investir, par exemple, dans une voiture de collection qui vous servira pour vos petits trajets, plutôt que dans un tableau que vous

ne pourrez que contempler ? Certes, contempler un tableau peut aussi avoir un effet relaxant ou thérapeutique…

- Étudiez toutes les possibilités. Ne vous contentez jamais de ce que vous faites, tel que vous le faites. Cherchez constamment des moyens de progresser, de passer la vitesse supérieure, de moderniser, de consolider. Naturellement, il ne s'agit pas de bricoler.
- Ne remettez rien au lendemain. Ce que vous pouvez faire aujourd'hui, faites-le. Si vous mettez quatre mois à encaisser un chèque, ce sont quatre mois d'intérêt de perdus.
- N'oubliez pas que l'argent qui dort, c'est de l'argent qui se perd. D'une façon ou d'une autre, il faut que l'argent serve.

> Ne vous contentez jamais du taux d'intérêt que l'on vous propose.

# Loi n° 73

# Sachez quand interrompre un investissement

C'est avec plaisir que je vous instruis d'une méthode de calcul que j'ai découverte un jour sur un site internet et qui, depuis, m'a bien servi. L'idée est que je considère un investissement comme viable s'il me permet de doubler ma mise en cinq ans.

Ma méthode consiste à calculer le nombre d'années nécessaires en divisant 72 par le taux d'intérêt. Ainsi, par exemple, si un investissement rapporte 6 %, il me faudra douze ans (72/6) pour doubler mon capital. Pour moi, c'est trop long. Je rechercherai plutôt un taux d'intérêt (taux de « rendement ») voisin de 14,4 % (je sais, ce n'est pas réaliste, mais ce n'est qu'un exemple). À noter que cette méthode peut s'appliquer à n'importe quelle somme d'argent.

Si un investissement ne me permet pas de doubler mon capital en cinq ans, j'y renonce, et si c'est un investissement déjà réalisé, j'y mets fin dans la mesure où il est cohérent financièrement de le faire (s'il n'y a pas de pénalité). J'ai mes critères, il faut que vous ayez les vôtres également.

Peut-être devrez-vous interrompre un investissement dans les cas suivants :

- Vous sentez que quelque chose ne va pas.
- Le marché est en récession.
- Vous avez lu quelque chose qui vous fait douter du bien-fondé de cet investissement.

- Vous avez besoin de cet argent pour en faire un meilleur usage.
- Depuis un moment, cet investissement ne produit rien d'encourageant.
- Vous avez atteint votre profit maximum et il est temps de passer à autre chose.
- Cet investissement ne vous intéresse plus, et vous ne voulez plus avoir à vous en soucier.
- Vous avez évolué, d'un point de vue émotionnel ou idéologique, et vous avez besoin de passer à autre chose (par exemple, votre investissement était lié à une cause qui vous était chère et vous préférez maintenant faire un investissement classique, ou inversement).
- Ce genre d'investissement n'est plus d'actualité : et quand ce n'est plus rentable, cela peut vous coûter cher.
- Vous avez besoin de diversifier votre portefeuille pour minimiser les pertes sur un marché en récession.
- Vous avez maintenant davantage d'information qu'au moment où vous aviez investi, et vous vous rendez compte que ce n'est pas ce que vous pensiez.
- Persévérer ne ferait qu'aggraver la situation : limitez vos pertes et sortez votre argent de là (*voir Loi n° 74*).

Un proverbe chinois dit que plus on en sait, plus on a de la chance. Aussi, plus vous gagnez d'argent et plus vous avez besoin de connaître les marchés. Progressez lentement mais sûrement, et constituez-vous un portefeuille grâce à l'expérience, à la connaissance, aux conseils fiables, à une recherche à jour et à des amis qui vous seront utiles. Enfin, si un investissement ne donne pas les fruits escomptés, sachez quand y mettre fin.

> Votre investissement était lié à une cause qui vous était chère et vous préférez maintenant faire un investissement classique, ou inversement.

# Loi n° 74

# Ne persévérez pas dans la malchance

Nous avons tous tendance à acheter en nous laissant influencer par les conseils des autres, à acheter sur un coup de tête, à acheter ce qui étincelle de mille feux, à miser sur un seul cheval, à miser sur un cheval gagnant jusqu'à ce qu'il ne gagne plus, et, pire, à ne pas savoir quitter un cheval perdant. S'il en est un qu'il faut savoir quitter, c'est pourtant bien celui-là.

On distingue quatre types d'investisseurs, et il est évidemment important que vous sachiez lequel vous correspond, et quels sont vos points faibles. Je suis reconnaissant à Merrill Lynch (www.ml.com) de m'avoir permis de reproduire ce qui suit :

- **L'investisseur avide de compétition.** Environ 17 % des investisseurs ont ce profil. Ce sont à 60 % des hommes et à 40 % des femmes. Leurs principaux points forts sont le fait que, en général, ils commencent à investir tôt, l'énergie dont ils débordent, et la bonne connaissance qu'ils ont de leurs investissements. Leurs points faibles ? Ils sont avides, trop sûrs d'eux et ils ont tendance à vouloir absolument rattraper chaque perte.
- **L'investisseur pondéré.** C'est le type le plus courant, il représente environ 32 % de la population des investisseurs avec une répartition hommes/femmes de 55/45. Ce sont des investisseurs qui assurent la sécurité de leurs investissements et qui raisonnent à long terme. Leur grand point faible est qu'ils ont du mal à lâcher prise : eux aussi ont tendance à vouloir rattraper chaque perte.

- **L'investisseur réticent.** Ce type représente 26% des investisseurs, avec une répartition hommes/femmes de 47/53. Ce sont des gens qui recourront plutôt à un conseiller, qui ont tendance à trop attendre avant d'investir mais qui abandonnent plus facilement. Ils n'aiment pas «perdre leur temps» à s'occuper de leurs investissements.
- **L'investisseur non préparé.** Ce type d'investisseur représente 11% des investisseurs, avec une répartition hommes/femmes de 47/53. Ce sont des gens qui attendent trop longtemps avant de se lancer, qui investissent trop peu et qui n'abandonnent pas assez vite. Ils ont tendance à trop se focaliser sur un seul investissement et à trop se laisser influencer par ceux qui leur donnent des tuyaux.

Selon Hannah Grove, directrice marketing chez Merrill Lynch Investment Managers, «L'argent est un vecteur d'émotion, mais les émotions peuvent empêcher de prendre les bonnes décisions d'investissement (...) Quand nous sommes capables de comprendre quelles sont nos propres tendances émotionnelles, nous pouvons faire en sorte de les anticiper et de les corriger.»

Il est impératif que vous sachiez quel type d'investisseur vous êtes – et que vous sachiez à quel moment vous devez mettre fin à un investissement qui n'est pas rentable. Rien ne fausse le jugement davantage que le fait de chercher à rattraper ses pertes en continuant à risquer son argent. Il importe de savoir accepter et limiter ses pertes et passer à autre chose. Je sais combien c'est parfois difficile.

Quand nous sommes capables de comprendre quelles sont nos propres tendances émotionnelles, nous pouvons faire en sorte de les anticiper et de les corriger.

# Loi n° 75

# Ne sous-estimez pas l'importance qu'il y a à savoir lire un bilan

Qu'il s'agisse de diriger une société ou d'investir dans le capital de cette société, il est nécessaire de savoir lire un bilan. Ne pas confondre avec les comptes de pertes et profits, qui ne montrent que la moitié de la réalité.

Ainsi, par exemple, si la société X a réalisé un chiffre d'affaires d'un million et des dépenses de 500 000, ce qui donne un profit de 500 000, ne peut-on pas penser que cette société se porte très bien ? En réalité, non, car ce simple état des pertes et profits ne vous permet pas de savoir qu'elle doit deux millions à sa banque, que son chiffre d'affaires d'un million est précaire, que compte tenu de son activité au cours de ces dernières années, elle est sur le point de devoir 4 millions au fisc, que sa franchise va expirer, qu'elle a profité d'une niche fiscale qui est sur le point de disparaître ou qu'un redoutable concurrent est sur le point de pénétrer sur le marché. Investir dans la société X ? Je ne crois pas que ce soit une bonne idée. C'est une entreprise malhonnête au bord de la faillite, et qui ne vaut pas un clou. À fuir.

Un bilan doit être équilibré*. L'équation de base à connaître est celle-ci : Actifs - Dettes = Capital (A - D = C). La valeur de l'entreprise est la différence entre ce qu'elle possède et ce qu'elle doit. Ce principe

---

* L'équilibre du bilan est représenté par l'équation Capital + Dettes = Actifs. Les dettes et le capital constituent le passif du bilan, qui est nécessairement égal à l'actif.

s'applique à vous-même autant qu'à la société pour laquelle vous travaillez ou à celle dans laquelle vous envisagez d'investir.

Examinons de plus près ces composantes du bilan.

- **À représente ce que vous possédez :** vos actifs. On distingue les actifs circulants, constitués de l'argent disponible et de tout ce qui peut être réalisé (c'est-à-dire transformé en argent disponible) sous trois mois (créances sûres, argent en transit, etc.), puis les stocks (articles prêts pour la vente, matières premières valorisables et pouvant être transformées en produits), et enfin les actifs immobilisés, constitués des biens possédés, de l'équipement et de l'actif incorporel.
- **D représente vos dettes.** Il s'agit des créanciers, des emprunts à long terme et des emprunts bancaires. C'est la somme dont vous auriez besoin si vous deviez régler tous vos créanciers.
- **C représente ce que vous valez.** C'est la différence entre A et D. Souvent, on considère que le ratio des actifs circulants sur les dettes doit être au moins égal à 1,5. Bien sûr, tout dépend du secteur et du type d'activité de l'entreprise, mais c'est un indicateur de base. Je calcule aussi le pourcentage que représente le capital par rapport à l'actif (capital employé). Un ratio supérieur à 50% m'inspire confiance. Si le capital vaut 35 millions, par exemple, un actif de 70 millions donne un ratio de 50%, tandis qu'avec un actif de 120 millions, le ratio n'est plus que de 29% environ.

Par conséquent, si l'on vous propose d'investir dans une société ayant réalisé un million de bénéfices, ne vous laissez pas impressionner par un tel chiffre. Demandez à consulter le bilan, et examinez bien celui-ci. Il y a encore d'autres informations que vous devez connaître, notamment les états financiers. Plus vous disposez d'informations, plus votre décision est fondée.

> Un bilan doit être équilibré.

# Loi n° 76

# Soyez plus fort que votre percepteur

N'essayez jamais de tricher avec le fisc. Vous seriez tôt ou tard sanctionné, et ce ne serait que justice. Non, je ne suis pas du côté de l'administration fiscale. Il ne faut pas confondre la fraude fiscale, qui est un délit, avec les techniques pour éviter de payer trop d'impôts. Si vous confondez ces deux notions, c'est à vos risques et périls. En réalité, vous n'avez aucune raison de prendre des risques. Vous n'aurez aucune difficulté à trouver des gens qui vous donneront tous les conseils dont vous aurez besoin.

Plus vous aurez d'argent, plus vous aurez besoin d'éviter de payer trop d'impôts – j'insiste sur le fait qu'il ne s'agit pas du tout d'évasion fiscale – et plus il vous en coûtera, car votre fiscalité deviendra de plus en plus compliquée et vous devrez confier vos comptes à des spécialistes. Vous aurez plusieurs possibilités, mais n'oubliez pas que l'État s'emploie à colmater les brèches, que les lois changent, et que les opportunités d'économies d'impôts disparaissent aussi vite que vos spécialistes cher payés trouvent des moyens de vous faire faire des économies. C'est comme une partie d'échecs, mais c'est plus exaltant et cela coûte plus cher.

Je ne peux vous donner aucun conseil, si ce n'est de réfléchir aux points suivants :

- Comparez les différentes formes de société que vous pouvez créer, et voyez, par exemple, si l'une d'elles ne serait pas préférable à un statut d'indépendant. Je suppose que vous gagnez déjà des sommes relativement importantes. Dans le cas contraire, il n'y a évidemment pas d'économies d'impôt à réaliser, ni même, peut-être, d'impôt à payer. N'oubliez pas, non plus, que si vous créez une société, vos comptes pourront être consultés par beaucoup de monde.

- Profitez toujours de vos abattements et autres avantages : ce qui n'est pas utilisé est perdu.
- Avant tout achat, demandez-vous si c'est déductible.
- Devenez résident d'un paradis fiscal : mais dépêchez-vous, car les possibilités diminuent rapidement.
- Investissez dans votre retraite : de nos jours, c'est encore ce qui est le moins lourdement taxé.
- Devenez un «sans fiscalité fixe» et parcourez le monde pour ne payer d'impôt nulle part. Attention cependant, il se peut que vous restiez imposable même si vous résidez à l'étranger.

Bien sûr, faites des investissements non taxables : acceptez de payer pour être bien conseillé dans ce domaine.

> Vous n'aurez aucune difficulté à trouver des gens qui vous donneront tous les conseils dont vous aurez besoin.

# Loi n° 77

# Apprenez à faire travailler vos actifs pour vous

Tout d'abord, savez-vous quels sont vos actifs ? Je parle aussi bien des actifs à long terme (actifs immobilisés) que des actifs à court terme (actifs circulants), ces derniers étant ceux que vous pourriez facilement convertir en argent disponible. En avez-vous dressé la liste ? Sinon, faites-le tout de suite. J'attends.

Déjà de retour ? Vous avez votre liste ? J'espère qu'elle comporte au moins une partie de ce qui suit :

- Biens immobiliers
- Terrains
- Véhicules motorisés
- Fonds de pension
- Argent liquide
- Actifs immatériels
- Œuvres d'art, antiquités, etc.
- Investissements
- Créances
- Mobilier et autres biens meubles
- Brevets
- Actions et obligations
- Propriété intellectuelle

Si vous possédez une entreprise, vos actifs comporteront aussi certains des éléments suivants :

- Stocks
- Encours
- Matières premières
- Usines et machineries
- Équipements
- Marques déposées
- Fichiers de destinataires

Une fois que vous avez dressé la liste de vos actifs, vous pouvez commencer à entrevoir les possibilités illimitées de les exploiter pour gagner davantage d'argent. Voici ce que je peux vous conseiller :

- Ne laissez pas un actif dormir : si vous possédez des biens immobiliers, par exemple, mettez-les en location. Ne vous contentez pas d'acheter pour louer. Trouvez le moyen d'exploiter toute surface, de louer même un garage, par exemple, et n'accordez aucune réduction de prix !
- Aucun actif n'est intéressant s'il ne travaille pas pour vous : il faut qu'il vous serve à accumuler et à produire de la valeur, qu'il soit rentable.
- Ne laissez jamais dormir de l'argent : il risquerait de s'étioler et de fondre. Faites-le travailler.

Enfin et surtout, soyez un vrai homme d'affaires :

- Réduisez au minimum vos stocks de produits et de matières premières : tout stock a un coût.
- Pratiquez le moins possible l'amortissement. En même temps, si vous n'amortissez pas vos biens, vous risquez d'avoir une vision de plus en plus fausse de leur valeur nette.
- Servez-vous de vos biens comme nantissement pour emprunter afin d'en acheter davantage, puis empruntez en utilisant ces nouveaux biens comme nantissement.
- Ne prolongez pas la durée de vie de vos équipements et machines : l'économie serait illusoire et vous risqueriez des complications légales.
- N'empruntez pas plus que nécessaire : l'argent dû, c'est de l'argent perdu.
- Évitez d'avoir plusieurs débiteurs.

> Vous pouvez commencer à entrevoir les possibilités illimitées d'exploiter vos actifs pour gagner davantage d'argent.

## Loi n° 78

# Ne croyez jamais que vous ne valez que ce que l'on vous paie

Ceux qui croient qu'ils ne valent pas mieux que leur salaire se sous-estiment, et c'est une chose dont les grandes sociétés profitent bien. Ne soyez pas de ce nombre.

Ici, plusieurs remarques s'imposent. Tout d'abord, c'est un fait que les salariés qui changent fréquemment d'emploi obtiennent à chaque fois une hausse de leur salaire et gagnent finalement davantage que ceux qui restent dans la même société (lesquels y restent peut-être pour de bonnes raisons). Si vous voulez rester chez le même employeur, vous devez apprendre à exiger des augmentations et à les justifier en montrant quelle valeur vous apportez à l'entreprise.

Ensuite, aucun employeur n'est disposé à payer davantage que ce qu'il est obligé de payer. Vous devez donc agir avec détermination et montrer que vous valez davantage. Cette règle s'applique aussi si vous travaillez en indépendant : personne ne vous proposera spontanément de vous payer davantage pour votre travail.

Enfin, croire en votre propre valeur est ce qui vous stimule, vous rend ambitieux et vous incite à aller de l'avant. Au contraire, si vous acceptez ce qu'on vous offre sans discuter, on risque de vous considérer comme un larbin, taillable et corvéable à merci.

Les techniques pour obtenir une augmentation ne sont pas le sujet de ce livre, mais voici quelques conseils en la matière :

- En toutes circonstances, restez calme.

- Considérez que vous valez mieux que ce que l'on vous paye. C'est là le point de départ. Choisissez le bon moment pour demander à être augmenté.
- Exprimez très clairement l'idée que vous vous faites de votre propre valeur. Si vous avez travaillé dur, si vous avez accompli davantage, produit davantage, obtenu de meilleurs résultats, vous êtes en droit de le faire savoir et de demander la récompense qui vous est due.
- Ne négociez pas simplement une somme d'argent : tenez toujours compte d'autres aspects comme la voiture de fonction, la retraite, les congés, les responsabilités, le cadre et l'espace de travail, le personnel, tout ce que vous voulez.
- Si vous essuyez un refus, cherchez toujours à savoir pourquoi et ce que vous pourriez faire pour obtenir ce que vous demandez.
- Une fois remédié au problème évoqué au point précédent, revenez à la charge.
- Ne vous comparez jamais avec quiconque : vous êtes unique, et il n'y a rien à comparer.
- Ne menacez jamais de quitter l'entreprise. Quittez-la si vous n'avez pas pu obtenir ce que vous vouliez, mais évitez toute théâtralité et tout bluff. Vous risqueriez de vous retrouver au pied du mur, et si vos employeurs s'y laissent prendre, vous ne les respecterez plus.

Si l'on vous oppose une fin de non-recevoir, sachez ce qu'il vous reste à faire : faites le nécessaire, et revenez à la charge. On ne pourra plus vous dire non, n'est-ce pas ? Qu'il s'agisse d'obtenir une augmentation ou quoi que ce soit d'autre, tout est affaire de négociation. Les bons négociateurs obtiennent davantage, c'est aussi simple que cela. Cultivez vos talents de négociateur (*voir Loi n° 31*), et si vous n'obtenez pas ce que vous vouliez, ne vous plaignez pas. Travaillez plus dur encore, et revenez à la charge.

> Croire en votre propre valeur est ce qui vous stimule, vous rend ambitieux et vous incite à aller de l'avant.

# Loi n° 79

# Ne suivez pas la même route que tout le monde

Naturellement, vous pouvez suivre la route que vous voulez. Seulement, si vous suivez la même route que les autres, vous risquez fort d'aboutir à la même destination. Si c'est une belle destination, vous devrez la partager avec beaucoup de monde. Si ce n'est pas une belle destination, pourquoi vous y rendre ?

La créativité est un bon moyen de gagner de l'argent. Un des traits communs aux meilleurs hommes d'affaires, c'est leur capacité d'être en avance sur les autres, de faire preuve de créativité, de trouver des idées auxquelles les autres n'avaient pas pensé. Il ne s'agit pas pour autant d'être téméraire, ni d'être joueur. Il s'agit de penser autrement que pensent les autres. C'est précisément le problème que rencontrent la plupart des gens. Il est si rassurant de suivre le troupeau. Si les choses tournent mal, on partage la peine et non la faute. Quand on est seul et quand on échoue, c'est plus difficile à accepter.

L'inverse est vrai aussi. Tout le monde partage la joie du succès, comme lors d'un match de football.

Il faut vraiment du courage, de la confiance en soi et de la maturité – sans parler de la créativité et du dynamisme – pour suivre son propre chemin. Pour renoncer à la joie partagée et à la peine partagée, il faut être sûr de soi. Lors de la grande crise boursière d'octobre 1987, de très nombreux investisseurs ont perdu beaucoup d'argent. Cependant, deux investisseurs ont évité d'en perdre en vendant leurs actions en août : Kery Packer et Jimmy Goldsmith. N'oubliez pas que plus vous êtes près de devenir un gagnant, moins vous devez prendre de risques, et que plus vous êtes près de perdre, plus vous êtes tenté d'en prendre.

L'autre jour, je suis tombé sur un site internet d'un courtier en valeurs mobilières qui était censé présenter les cinq titres les plus appréciés et les raisons pour lesquelles vous deviez les revendre tout de suite, quoi qu'on en dise dans votre entourage. Ces titres ont eu un cours si élevé pendant si longtemps qu'ils ne peuvent que chuter bientôt. Vendez maintenant, prenez de l'avance sur les autres. Je me disais que ceux qui savent vraiment s'y prendre devaient déjà être en train de réaliser des investissements auxquels aucun d'entre nous n'aurait pensé.

Nombreux sont ceux qui ont investi dans les fermes à autruches. Où en sont-ils ? Nombreux sont ceux qui ont investi dans les élevages de vers. Il fallait acheter des œufs, d'où sortaient des vers que l'on allait revendre aux plus gros éleveurs. Cela m'a bien fait rire.

Un de mes fils a investi 10 livres sterling pour démarrer une affaire d'escargots géants. Il en a acheté deux. Il les a nourris et s'en est occupé pendant près de six mois. J'ai fini par lui dire que ces escargots venaient du jardin de quelqu'un d'autre. Il n'était pas le seul. On avait vendu le même rêve à de nombreux enfants de son école, et on leur avait vendu les mêmes escargots.

| Tout le monde partage la joie du succès. |
| --- |

# Rester riche

Maintenant que vous avez acquis cette richesse, il s'agit de ne pas la laisser disparaître. Je suppose que vous savez éviter des arnaques comme celle des escargots géants et celle des fermes à autruches. Nous allons voir comment préserver, protéger et entretenir votre fortune, et comment en profiter. Vous n'avez sans doute pas envie de la dilapider. En revanche, si jamais vous souhaitez vraiment en faire cadeau à quelqu'un, je suis preneur.

Vous trouverez une quantité infinie de sites internet qui vous proposeront de gérer votre fortune. Ignorez-les tous. En général, on vous propose de vous abonner à une newsletter et l'on vous promet que vous allez devenir millionnaire en l'espace de trois à cinq ans.

Il y a de quoi vous faire rembourser le livre que vous tenez entre vos mains car, pour ma part, je vous ai parlé de travailler dur, de vous impliquer, de faire preuve de créativité, de vous distinguer de la masse et de gagner votre vie honnêtement, mais finalement, je ne vous ai rien promis. Quelle tristesse !

## Loi n° 80

# Achetez des produits de bonne qualité

Celle-ci, je la dois à ma charmante épouse. Quand nous nous sommes rencontrés, j'étais très fort pour faire des affaires, par exemple pour dégoter au supermarché deux poulets pour le prix d'un. Quant à elle, elle achetait moins (que faire du second poulet ?), mais elle n'achetait que des produits de qualité. Alors que je cuisinais un miteux poulet de batterie et que je débouchais une piquette au rabais, ma promise mettait sur la table un homard et une bouteille de champagne. Vous comprenez pourquoi j'en ai pincé pour elle.

J'achetais un lot de cinq tee-shirts, tandis qu'elle achetait un tee-shirt unique mais de bien meilleure qualité. Surtout, ce qu'elle achetait :

- durait plus longtemps ;
- se lavait mieux ;
- vieillissait mieux ;
- gardait mieux ses couleurs ;
- gardait mieux sa forme ;
- reflétait une image positive de ce qu'elle était ;
- demandait moins de soins (j'avais une voiture bon marché qui tombait en panne sans arrêt, ce qui me faisait manquer des réunions, etc., tandis qu'elle, avec sa voiture impeccable, arrivait à l'heure à ses rendez-vous, fraîche et dispose).

C'est elle qui m'a expliqué que tout en croyant faire des économies, je gaspillais mon argent, car j'étais finalement obligé de remplacer mes affaires plus souvent. Je jetais mon argent par la fenêtre tout en croyant faire des économies, et je donnais une piètre image de moi-même.

Pour moi, apprendre à acheter des produits de bonne qualité n'a pas été facile. J'ai dû désapprendre tous les mythes qui m'avaient été inculqués dans mon enfance à propos de l'argent :

- Ne pas dépenser plus que le strict nécessaire.
- On n'a jamais besoin de faire chic.
- Il n'est pas moral de dépenser de l'argent pour soi-même.
- Mieux vaut faire une affaire qu'acheter un produit de qualité.

Votre façon d'acheter en dit long sur votre façon de vivre, sur votre façon de vous conduire et sur votre façon de gérer vos affaires. En misant sur la qualité, vous donnez l'image d'une personne de qualité, et les autres vous traiteront en conséquence. Cela vous permettra aussi de faire des économies à long terme : souvent, ce qui est bon marché revient cher.

> Alors que je cuisinais un miteux poulet de batterie et que je débouchais une piquette au rabais, ma promise mettait sur la table un homard et une bouteille de champagne.

## Loi n° 81

# Lisez bien ce qui est écrit en petits caractères

Je pourrais vous rédiger un contrat dans lequel je vous promettrais une garantie en béton, sans aucune clause limitative, remboursement intégral en cas d'insatisfaction, croix de bois, croix de fer, le genre de document qui ferait foi devant un tribunal et qu'aucun examen ne pourrait mettre en défaut. Pour vous vendre quoi ? Peu importe. Ce qui est écrit en petit peut vous coûter cher : lisez bien tout avec attention.

J'adore ce genre de textes en caractères tout petits, qui précisent par exemple que les chaussures ne peuvent être ni reprises ni échangées si elles ont été sorties du magasin. Ou bien, pour un médicament, qu'il peut vous rendre malade et que vous n'aurez aucun recours. Il y a aussi, pour les logiciels, la mention en petits caractères selon laquelle vous acceptez un contrat en descellant l'emballage. Or, vous ne pouvez pas vérifier le bon fonctionnement du logiciel sans le faire fonctionner, vous ne pouvez pas le faire fonctionner tant que vous ne l'avez pas installé, et vous ne pouvez pas l'installer sans avoir ouvert l'emballage. Misère !

Cela me rappelle l'histoire de cet homme qui avait vendu son âme au diable et qui avait accepté de sacrifier cinq années de sa vie. Il n'avait pas lu ce qui était écrit en petits caractères. Les cinq années que le diable lui prenait, c'étaient celles qui étaient juste devant lui. Pouvez-vous imaginer ce que cela peut représenter? Et vous aviez le sentiment de vous faire avoir par votre banque ?

Quand je parle de vérifier «ce qui est écrit en petits caractères», de quoi s'agit-il exactement ? De trois choses, essentiellement :

- Vérifiez, bien sûr, que vous avez le produit ou le service et la garantie que vous voulez.
- Vérifiez l'absence d'une clause dissimulée qui changerait la teneur fondamentale du contrat.
- Vérifiez les clauses susceptibles de vous pénaliser en cas de retard, de non-paiement ou quoi que ce soit d'autre.

C'est un peu comme sur l'emballage des produits alimentaires. Si quelque chose, dans la composition de l'aliment, ne vous plaît pas, n'achetez pas. Préférez ce qui est vraiment cent pour cent jus de fruits, cent pour cent frais, cent pour cent biologique, etc. Dès que la composition est inscrite en petits caractères sur le dessous du paquet, cela doit vous alerter. Il ne peut y avoir qu'une raison pour laquelle elle est aussi discrète : le fabricant veut vous tromper. Ne tombez pas dans le piège.

> Ce qui est écrit en petit peut vous coûter cher : lisez bien tout avec attention.

## Loi n° 82

# Ne dépensez pas ce que vous n'avez pas encore

Je dois l'admettre, c'est une des Lois auxquelles j'ai le plus de mal à me plier. Si vous avez un conseil à me donner, je suis preneur. Je sais pourtant ce que je devrais faire :

- Fixer mon budget uniquement en fonction de l'argent dont je dispose aujourd'hui. L'argent que je n'ai pas, je ne dois pas le dépenser.
- Ne tenir compte d'aucune somme que je peux ou dois obtenir dans le futur.
- Mettre de côté de quoi payer mes impôts – et même davantage.
- Éviter tout emprunt et tout découvert, afin de ne pas être tenté de payer mes dettes avec un revenu futur et pour éviter aussi l'inverse, m'endetter en comptant sur un revenu futur pour me désendetter (c'est très mal).

Dépenser ses revenus futurs est à déconseiller pour les raisons suivantes :

- Ces revenus peuvent ne pas se matérialiser, ou être inférieurs à ce que vous aviez escompté.
- Il faudra bien que la bulle finisse par éclater, et si vous dépensez toujours votre argent à l'avance, vous finirez par vous retrouver coincé.
- Ce genre d'habitude n'incite pas à la rigueur dans la gestion de ses finances.

- Ce que vous achetez aura vite fait de perdre son attrait ou sa valeur, d'être hors d'état ou même d'être complètement oublié.
- Vous risquez de perdre le sens des réalités : le futur n'est pas réel tant qu'il reste à venir, et l'on a vite fait de dépenser trop.

Je conçois un plan en quatre étapes :

- Me demander si j'ai besoin de ce produit ou service aujourd'hui, ou si je peux attendre : ce questionnement est utile, car une fois que le «coup de cœur» s'est estompé, on s'aperçoit souvent que l'article ne correspondait pas à un besoin.
- Me demander si cela en vaut la peine. Si je dépense aujourd'hui mon revenu de demain, cela implique un coût financier, le coût de l'argent (l'intérêt). Compte tenu de ce coût supplémentaire, cette dépense est-elle justifiée?
- Étudier le facteur de risque. Que se passera-t-il si, en cas d'imprévu, j'ai ensuite besoin de ce revenu escompté pour autre chose?
- Me demander à quelle dépense plus intéressante je risque de devoir renoncer plus tard : peut-être vaut-il mieux garder cette possibilité.

Vous aussi, posez-vous ces questions. Il y a des chances pour que ce questionnement ait un effet bénéfique sur votre trésorerie.

> **Si je dépense aujourd'hui mon revenu de demain, cela implique un coût financier.**

# Loi n° 83

# Mettez de l'argent de côté pour vos vieux jours – et pas seulement pour cela

Quand vous vous rendrez compte que vous avez atteint un âge avancé et que la plus grande partie de votre vie est derrière vous, si vous ne gagnez plus d'argent, votre souci sera de pouvoir conserver le niveau de vie et de confort auquel vous vous êtes habitué.

Il existe de très bonnes raisons de mettre de l'argent de côté pour vos vieux jours :

- Vous ne pourrez plus compter sur l'État.
- Si vous ne le faites pas, vous serez peut-être obligé, plus tard, de compter sur la bonté des étrangers – ou sur des membres de votre propre famille, ce qui est parfois pire.
- Si vous n'avez pas planifié votre retraite, vous risquez de ne plus pouvoir conserver votre niveau de vie.
- Vous risquez, plus tard, de perdre votre indépendance financière, et donc votre liberté.
- Vous risquez, plus tard, d'avoir des problèmes de santé et d'avoir besoin d'argent pour financer vos soins médicaux.
- Avec l'âge, vous serez moins actif, et vous ne pourrez plus travailler aussi dur qu'aujourd'hui.
- Mieux vaut aussi ne pas avoir toujours besoin de travailler aussi dur (encore que cela puisse aussi être un choix) : pour la plupart d'entre nous, il y a un temps pour travailler dur et un temps pour

se reposer au soleil, et si ce n'est pas quand vous serez âgé, ce sera quand ?

Pourquoi ne pas avoir déjà mis de l'argent de côté ? Quand on est jeune, on se représente difficilement le temps où cette jeunesse sera passée et on ne ressent pas le besoin de s'y préparer, on n'en a pas forcément le temps et on ne gagne pas encore de quoi épargner beaucoup.

C'est pourquoi quelques conseils peuvent être utiles pour épargner :

- Il n'est jamais trop tard pour commencer, mais plus tôt vous aurez commencé et moins ce sera difficile. Dressez d'abord la liste de vos dépenses futures, et voyez si votre projet a de l'avenir. S'il n'en a pas, remédiez à ce problème en mettant votre avenir à long terme en tête des priorités, devant le nouveau bateau ou le séjour à Londres.
- Si, arrivé à la cinquantaine, vous n'avez pas beaucoup épargné, consacrez une somme importante à votre plan de retraite*.
- Mettez de l'ordre dans vos finances et chassez le gaspillage : mettez plutôt cet argent dans votre plan de retraite.
- Si vous n'escomptez pas percevoir une retraite décente, veillez à disposer de ressources suffisantes vous permettant de financer vos vieux jours (biens immobiliers ou actions à vendre, etc.).
- Recherchez toujours le placement le plus rémunérateur. Le cas échéant, transférez votre argent d'un placement à un autre.

Quand vos enfants auront quitté votre domicile, vous n'aurez plus besoin de tout cet espace. Revendez pour acheter un logement moins grand, et investissez la différence et la plus-value réalisée.

> **Si vous ne gagnez plus d'argent, votre souci sera de pouvoir conserver le niveau de vie et de confort auquel vous vous êtes habitué.**

---

* Mais ne prenez surtout pas votre retraite, ou ce serait la fin des haricots.

## Loi n° 84

# Constituez un fonds de prévoyance

Il vous faut également un fonds de prévoyance, pour parer aux impondérables. Je ne saurais vous donner une liste définitive de ces impondérables, mais voici quelques exemples pour vous inspirer. N'allez cependant pas faire des cauchemars :

- accidents de la route, accidents du travail et autres ;
- maladies ;
- problèmes soudains avec la justice : plainte déposée contre vous, arrestation par erreur…
- litiges fonciers ou immobiliers (cela peut coûter cher) ;
- problèmes avec les enfants : trop nombreux pour que j'en présente la liste complète, mais je citerai la drogue, les grossesses non désirées, les altercations avec la police, les problèmes de voiture ou de deux-roues, les maladies, les incidents de voyage (un rapatriement depuis la Thaïlande coûte cher) ;
- cas de force majeure : inondations, séismes, tsunami, sécheresse, incendies, épidémies et autres fléaux ;
- perte d'emploi imprévue ;
- liquidation soudaine de votre entreprise ;
- crise économique.

Combien devez-vous mettre de côté, et sur quel type de compte ? Le plus sage est de disposer d'une somme vous permettant de maintenir votre train de vie actuel pendant trois à six mois, soit à peu près la moitié de votre revenu annuel. Naturellement, si vous perdez tout dans un tsunami ou dans un incendie, vous serez en partie indemnisé par les assurances, mais vous aurez besoin d'un complément pour vous remettre à flot.

Sur quel type de compte ? En général, les gens mettent cet argent sur un compte d'épargne : un compte rémunéré, bien sûr, mais un compte d'épargne rapidement disponible. Personnellement, j'ai remarqué que les hommes d'affaires les plus habiles conservaient aussi de l'argent liquide dans un coffre à la banque, également pour parer aux urgences. C'est toujours pratique en cas de problème.

Il suffit de songer aux catastrophes humanitaires pour se rendre compte que l'on peut très vite se retrouver à court de ressources et que les ressources conventionnelles peuvent devenir extrêmement difficiles d'accès. En Louisiane, après l'ouragan, personne ne pouvait plus se rendre à la banque, car les banques aussi étaient immergées sous trois mètres d'eau. Dans ce genre de situation, ce n'est d'ailleurs plus d'argent que l'on a besoin, mais de nourriture et d'eau potable (et d'une arme aussi, je pense, mais je préfère ne pas m'étendre sur ce sujet).

Vous pouvez décider de souscrire une police d'assurance adaptée pour limiter les problèmes que vous pourriez rencontrer en cas d'imprévu, ou bien vous pouvez préférer constituer vous-même un fonds de prévoyance, sous forme de compte d'épargne rapidement disponible. Là encore, le mieux est de prendre conseil auprès d'un spécialiste (je ne suis pas la bonne personne).

> Personnellement, j'ai remarqué que les hommes d'affaires les plus habiles conservaient aussi de l'argent liquide dans un coffre à la banque, également pour parer aux urgences.

## Loi n° 85

# Comparez les prix

Je vous ai conseillé d'acheter des articles de bonne qualité, mais je ne crois pas, en revanche, qu'il faille gaspiller son argent en payant cher ce que l'on peut obtenir ailleurs à un prix plus abordable. Ainsi, par exemple, un ami cher était récemment en train de s'acheter une voiture magnifique et hors de prix. J'en ai fait une crise de jalousie, à tel point que j'ai enfreint mes propres lois et que je lui ai demandé « Tu la payes combien ?! »

Il m'a répondu qu'il en avait les moyens, ce dont je ne doutais pas mais c'était pour le principe : « Tu peux l'obtenir pour bien moins cher ici, ici, et là », lui ai-je dit. « Oui, m'a-t-il répondu, mais il faudrait, pour cela, que je me bouge les fesses et que j'y consacre du temps, alors que là, je n'ai qu'à prendre mon téléphone. »

Je lui ai proposé de l'acheter à sa place, là où elle serait au meilleur prix, pour la lui revendre ensuite et partager avec lui la différence, mais il n'a rien voulu savoir. Il m'a expliqué qu'il avait gagné assez d'argent pour pouvoir rester assis sur son canapé, décrocher son téléphone et avoir le monde entier à sa disposition pour le minimum d'effort. Être vraiment riche, pour lui, c'était cela.

Contrairement à cet ami, les riches qui ont le sens de la valeur des choses ne jettent pas leur argent par la fenêtre sous prétexte qu'ils en ont les moyens :

- ils font le tour du marché pour être sûrs de ne pas dépenser trop ;

- ils n'acceptent jamais la première offre qui leur est faite, ils en obtiennent toujours au moins trois avant de choisir la plus intéressante ;
- ils veillent à ne pas gaspiller l'argent qu'ils ont gagné en travaillant dur : ce n'est pas de l'avarice, mais simplement de la prudence et du discernement.

Un vieux proverbe russe dit qu'on a plus vite fait de dépenser que d'amasser. C'est la vérité. En l'espace d'un court moment, nous pouvons annihiler des années de travail. Il ne s'agit pas de se priver, ce n'est pas du tout ce que je recommande, mais dès qu'il s'agit de dépenser de l'argent, il convient d'être prudent.

Je pense que savoir dépenser avec jugeote est quelque chose que nous devrions apprendre à nos enfants dès un âge précoce. Bien trop souvent, la publicité les incite à croire que tout ce qui est brillant, coloré, bruyant ou qui fait peur à leurs parents est digne d'être possédé au plus vite. De retour à la maison, ils s'empressent d'arracher tout l'emballage, mais leur lassitude non plus ne se fait pas attendre. Donnez-leur dès le début de bonnes habitudes.

Quant à vous, il est temps que vous découvriez le plaisir d'obtenir la valeur de votre argent dans tout ce que vous achetez (si ce n'est pas quelque chose que vous connaissez déjà). Avec Internet, il est devenu si facile de comparer les prix et de s'assurer, quel que soit l'article, qu'on ne le paiera pas plus que nécessaire. Profitez-en.

> Dès qu'il s'agit de dépenser de l'argent,
> il convient d'être prudent.

## Loi n° 86

# N'empruntez jamais d'argent à vos amis ni à vos proches (mais vous pouvez leur offrir une possibilité d'investir)

Un petit rappel du rôle que peuvent jouer pour vous vos amis et vos proches – et du rôle que vous pouvez jouer pour eux – n'est sans doute pas inutile :

- Attention
- Amour
- Soutien
- Éducation
- Aide
- Conseils
- Réconfort
- Détente
- Partage

Tout cela n'inclut pas du tout ce qui suit :

- Emprunt
- Vol
- Abus de confiance

Pour le dire simplement, emprunter à ses proches ou à ses amis, cela ne se fait pas. C'est une pratique qui engendre trop de problèmes, trop de ressentiment, de récriminations et de suspicions. Il y a de quoi gâcher des relations qui sont importantes. Ne faites pas cela.

Par ailleurs, vos amis et vos proches ne sont pas les bonnes sources pour emprunter car ils n'ont pas la compétence requise pour octroyer des prêts. Je ne parle pas ici de quelques euros pour commander à boire, mais de sommes plus consistantes, dont l'ordre de grandeur dépend de votre situation. Le crédit est affaire de professionnels. Si vous empruntez à des amis (ou si vous leur prêtez), vous n'aurez aucun recours légal en cas de problème – et les problèmes, il y en aura, aussi sûr que deux et deux font quatre.

Techniquement parlant, je sais bien que vous pourriez prendre toutes les dispositions nécessaires, par écrit, mais cela n'éliminerait pas les risques. Si vous ne remboursez pas en temps et en heure – en raison de circonstances indépendantes de votre volonté, naturellement – vous risquez de perdre une relation d'amitié qui valait plus, pour vous, que le montant du prêt.

La seule exception à cette règle est la situation dans laquelle vous créez une entreprise, par exemple, dans laquelle vos proches ont envie d'investir, tout en sachant parfaitement que cela comporte un risque, comme pour tout investissement, et qu'ils ne peuvent pas être sûrs d'en tirer le moindre profit (pour plus de détails, *voir Loi n° 90*). Il ne s'agit pas de risquer une rupture, la famille et les amis sont trop importants.

> Emprunter à ses proches ou à ses amis, cela ne se fait pas.

## Loi n° 87

# Ne cédez pas votre capital

Cette Loi concerne quiconque dirige une société ou envisage de développer une activité en free lance. Il s'agit, en bref, de ne jamais confier à autrui le contrôle de votre propre affaire.

La finalité de cet exercice est de préserver la richesse acquise. Ne renoncez pas au capital de votre entreprise. Ne cédez pas à autrui une part du travail, du temps et de l'énergie considérables que vous avez investis. Plutôt leur donner de l'argent, même avec un intérêt, que leur donner une part de vous-même.

Un peu plus loin, à propos d'une autre Loi, je vous proposerai de participer au capital d'une entreprise, mais ce n'est pas la même chose car, dans ce cas, c'est vous qui prêtez de l'argent. L'opération ne se fait pas dans le même sens et les règles ne sont pas les mêmes.

Une confusion assez répandue consiste à croire qu'il est mal de conserver le contrôle total de son entreprise. Souvent, on vous conseillera de céder des parts de capital. Or, j'ai remarqué que les gens vraiment riches ne font pas cela. Tout ce qu'ils ont pu obtenir, ils s'y accrochent résolument. Il peut leur arriver d'emprunter ou de se retrouver à découvert, mais ils ne cèdent pas leurs parts de capital.

Une bonne raison d'éviter de contracter un emprunt bancaire est que la banque est capable de vous faire mettre très vite la clé sous la porte. Vous pouvez préférer l'apport financier d'un Business Angel, mais vous devrez lui accorder en échange une part du capital.

Si vous devez vraiment céder une partie de votre capital, assurez-vous d'obtenir en échange :

- des compétences en matière de gestion et de sens des affaires ;
- une direction pragmatique et efficace ;
- un contrat vous permettant de donner à l'entreprise la direction que vous désirez sans être en butte à des tracasseries ;
- un partage réaliste, pour que vous ne cédiez pas trop ;
- une clause vous permettant de racheter votre capital dans l'avenir, quand vous en aurez les moyens.

Je dirige une société et j'ai des actionnaires, mais ils n'ont pas de droit de vote. Par conséquent, même s'ils détiennent effectivement des parts du capital, ils n'en ont pas le contrôle. En réalité, ce n'est pas de l'argent que je leur dois : ils ont reçu ces actions à titre de rémunération pour leurs conseils.

N'acceptez des capitaux que de personnes ayant l'expérience de votre activité et la connaissance de votre secteur, et ne distribuez jamais à personne des actions avec droit de vote.

> Ne distribuez jamais à personne des actions avec droit de vote.

## Loi n° 88

# Sachez vous arrêter au bon moment

Je crois entendre ici une exclamation de surprise. Savoir s'arrêter? N'ai-je pas écrit précédemment qu'il ne fallait pas dormir sur ses lauriers? Oui, c'est bien ce que j'ai expliqué, mais je faisais référence au moment où vous commenciez à obtenir des résultats. Une fois que vous êtes devenu plus riche encore que vous ne pensiez pouvoir l'être un jour, la situation est bien différente. Il faut bien qu'à un moment donné, vous songiez à faire autre chose de votre vie :

- passer davantage de temps en famille;
- profiter de la vie;
- vous amuser, vous distraire;
- voyager;
- travailler moins pour vivre plus intensément;
- consacrer une partie de votre temps à transmettre aux autres ce que vous avez appris.

Bien sûr, vous pouvez peut-être accomplir tout cela sans pour autant renoncer à votre idéal d'enrichissement, mais votre principal objectif peut changer. Je suis toujours impressionné par les gens comme Bill Gates, qui a pris sa retraite pour s'occuper de sa fondation. Il n'avait sans doute pas besoin de gagner ni de dépenser davantage que ce qu'il possédait déjà, et sa fortune doit continuer à s'accumuler chaque jour plus vite qu'il ne saurait compter ce qu'il gagne. Il vit probablement des intérêts des intérêts des intérêts des intérêts…

Je constate aussi que celui qui le suit dans le classement des hommes les plus riches, Warren Buffet, fait de même : d'ailleurs, il finance la fondation de Bill Gates*. Ces deux hommes brassent des milliards, mais ils ont bon cœur. C'est des hommes de cette trempe que j'ai tiré les Lois que je présente dans ce livre. Je peux citer aussi Thomas Monaghan, fondateur de Pizza's Domino, qui aurait dépensé plus d'un milliard de dollars pour défendre ses idées et qui a fondé une université.

Vous vous dites sans doute que vous ne jouez pas dans la même catégorie. Certes, mais vous pouvez tout de même, dans votre stratégie, prévoir une fin de partie. Autrement, à quel moment vous arrêterez-vous ? Combien vous faut-il ? Où tracez-vous la limite ? Il existe un proverbe arabe qui dit : « Si vous possédez beaucoup, donnez de votre richesse, et si vous possédez peu, donnez de votre cœur. » Donc, si vous amassez une grosse fortune, sachez en donner une partie. Nous allons voir cela un peu plus loin.

Je ne vais pas vous pousser à donner votre argent à des œuvres de charité, mais je pense qu'il est important que vous sachiez à quel moment vous aurez assez. On dit qu'on n'a jamais trop de ce qui est bon, mais une vie riche et variée ne se limite pas à amasser de la richesse, évitez de rester trop focalisé.

> Il faut bien qu'à un moment donné, vous songiez à faire autre chose de votre vie.

* Elle s'appelle la Bill and Melinda Gates Foundation (BMGF).

# Partager sa richesse

Après avoir travaillé si dur pour le gagner, il semble quelque peu injuste d'avoir à le partager. Cependant, si vous ne partagez pas, vous risquez de ressembler à un vieux grippe-sou arthritique. L'argent, on peut le gagner, le faire grossir, le garder, le combattre, en faire bon usage, en faire mauvais usage, le perdre, l'investir, le dépenser, le donner, le changer, le diviser, mais la plus belle chose est certainement de le partager.

Je ne parle pas ici de charité. Je parle de partage, parce que c'est ainsi qu'il faut faire. En partageant, vous ne vous assurerez peut-être pas une place au paradis, mais vous aiderez les autres. Vous avez travaillé dur et passé des nuits blanches pour construire toute cette fortune, et vous vous demandez en vertu de quoi vous devriez la céder à des gens négligents, plus paresseux, moins disciplinés que vous ? Vous avez raison, mais je parle ici des pauvres, des malheureux, des gens qui sont dans le besoin.

La richesse est un peu comme un beau tableau que vous pouvez accrocher chez vous et que vous seul pourrez admirer, mais dont vous pouvez aussi préférer faire profiter les autres. Vous vous dites peut-être que la richesse décroît à partir du moment où elle est partagée : je n'en suis pas sûr. Mon sentiment est qu'en cédant de l'argent, vous doublez sa valeur : pas en termes d'espèces sonnantes et trébuchantes, mais d'une autre manière.

Je ne cherche pas à vous influencer. Simplement, j'ai remarqué que les personnes qui ont vraiment fait fortune et qui sont heureuses aiment partager leur richesse, et c'est une leçon que tous, nous pouvons tirer.

## Loi n° 89

# Faites bon usage de votre richesse

L'autre jour, j'ai lu un article à propos d'un couple de musiciens de rock qui avaient acheté une grande maison dans la campagne de l'Oxfordshire, avec un terrain de quatre ou cinq hectares, et qui s'y étaient installés avec leurs jeunes enfants. Je me suis dit que c'était un bon investissement. En effet :

- c'est un endroit tranquille pour élever ses enfants ;
- c'est un bel endroit pour vivre, paisible et épargné par la pollution des grandes villes ;
- c'est un investissement recommandable, tant que l'immobilier continue à monter ;
- c'est aussi un bon investissement dans du patrimoine historique.

Cependant, dans le même journal, j'ai aussi lu un article sur un mannequin de mode qui avait la fâcheuse habitude de consommer de la drogue. C'est aussi une habitude qui coûte cher. Entre ces deux faits divers lus dans un journal, je suppose que vous devinez quelle relation j'établis. D'un côté, nous avons un bon exemple d'investissement, et de l'autre, l'exemple d'un vice qui n'apporte que perte et destruction.

Je ne veux pas jouer les rabat-joie, mais j'ai remarqué que ceux qui, tout en gérant intelligemment leur richesse, savaient la partager et se montrer généreux de leur temps et de leur argent récoltaient bien plus de bienfaits que les autres. Assez prêché comme cela. J'insiste cependant sur le fait qu'il s'agit d'observations réelles. D'ailleurs, vous avez sans doute observé la même chose que moi. Souvent, ceux qui abusent de leur situation ne restent pas riches longtemps. Voici quelques questions à se poser :

- Pourquoi nous sommes-nous enrichis au départ ?
- Quel est le meilleur usage que l'on puisse faire de sa richesse ?
- Quels sont nos objectifs et nos attentes à long terme, concernant notre richesse ?
- Que pensons-nous que notre richesse va nous apporter ?
- De quelle façon pourrions-nous faire profiter les autres de notre richesse ?
- Quel monde voulons-nous ?
- Quelle image voulons-nous donner de nous-mêmes et de notre richesse ?
- Quand nous ne serons plus, que dira-t-on de nous ?
- Quel héritage laisserons-nous ?

Personnellement, je pense que le meilleur usage que l'on puisse faire de sa richesse consiste à apprendre aux enfants à gagner de l'argent, à l'investir, à l'épargner et à le dépenser intelligemment. Avec l'élévation de notre niveau de vie, il est vraiment nécessaire de faire cas de l'argent. Il faudrait que les enfants soient initiés aux notions d'impôt, d'assurance, de dépense, à tout ce que nous n'apprenons généralement pas à l'école et sommes obligés d'apprendre par la suite, à notre corps défendant. Pour ma part, j'ai aussi envie de contribuer à faire en sorte que tout enfant, à la fin de sa scolarité, sache lire, écrire et conduire une voiture.

> Ceux qui abusent de leur situation
> ne restent pas riches longtemps.

# Loi n° 90

# Ne prêtez jamais d'argent à des amis ni à des proches, sauf si vous êtes disposé à faire une croix dessus

Pouvez-vous partager votre richesse avec votre famille et vos amis ? La réponse est oui, mais si vous tenez à conserver votre équilibre mental, je ne saurais trop vous recommander de ne jamais prêter d'argent à personne, sauf si vous êtes tout disposé à ne pas revoir cet argent. Ainsi, vous vous accommoderez très bien de ne pas être remboursé – ce qui se produira inévitablement. Au contraire, si vous vous attendez à l'être, imaginez à quel point vous risquez d'être déçu et démoralisé.

Je connais le problème. J'ai des enfants, et mon argent leur profite comme il me profite. Ils me demandent de leur prêter de l'argent et je le fais, mais c'est une sorte de jeu entre nous. Parfois, ils me le rendent, et j'en suis agréablement surpris. Parfois, ils ne me le rendent pas : je le passe par pertes et profits et cela ne me pose pas de problème (j'espère bien qu'ils ne liront jamais ces lignes, ou je serais fait comme un rat).

J'ai de l'estime pour mes fils et j'apprécie la qualité de la relation qui nous unit. Je ne voudrais pas me fâcher avec eux à cause d'une chose aussi sordide qu'une histoire d'argent, alors qu'il y a tant de choses plus intéressantes sur lesquelles on peut se fâcher.

Si vous avez tout de même prêté de l'argent à un ami, et s'il ne vous l'a pas rendu, vous avez perdu non seulement de l'argent, mais aussi un ami. Celui-ci doit se sentir morveux d'avoir trahi votre confiance, et il doit éviter de vous croiser. Quant à vous, vous vous sentez trahi, et vous ne l'invitez plus. Le résultat, c'est que cette amitié est terminée.

Sachez passer cet argent par pertes et profits. Ainsi, vous serez toujours content de revoir cette personne. De son côté, elle oubliera son embarras et vous considérera comme quelqu'un d'exceptionnel.

Naturellement, rien ne vous oblige à accepter de prêter. Vous pouvez tout simplement dire non (*voir Loi n° 93*). Ou bien, vous pouvez tout simplement lui faire cadeau de la somme en question (*voir Loi n° 94*).

J'ai lu sur un blog qu'un étudiant avait prêté 350 dollars à un camarade de chambre et qu'il n'avait jamais récupéré cet argent. Auparavant, il s'était renseigné auprès d'autres camarades, qui lui avaient confirmé qu'ils lui avaient eux-mêmes prêté de l'argent et qu'il les avait toujours remboursés. Naturellement, il s'est fâché avec son camarade, n'obtenant rien bien qu'il lui ait proposé un plan de remboursement à raison de 50 dollars par mois. Pire, il s'est fâché aussi avec les autres, leur reprochant de l'avoir « encouragé » à accorder ce prêt.

Certains lui ont conseillé de traîner son débiteur devant les tribunaux, mais je m'imagine que cela ne lui permettrait pas de revoir son argent, surtout si l'on songe à tous les frais que lui coûterait le procès. Mieux vaut en tirer les bonnes leçons et passer à autre chose. Pour moi, 350 dollars, ce n'est pas une grosse somme, mais pour lui, bien sûr, c'est beaucoup d'argent et les études ont un coût. Il a discuté avec des camarades pour savoir s'il conviendrait de « saisir » les biens de son camarade de chambre, etc. Je maintiens mon conseil, oubliez votre argent et ne recommencez jamais plus cette erreur.

> J'espère bien qu'ils ne liront jamais ces lignes, ou je serais fait comme un rat.

# Loi n° 91

# Ne prêtez pas, prenez une participation

Si l'on vous demande un prêt pour un projet particulier, par exemple pour créer une entreprise ou pour la développer, vous pouvez choisir entre plusieurs réponses à faire :

- Oui
- Non
- Oui, mais…
- Oui, à condition…
- Oui, en échange d'une participation au capital
- Oui, à condition que ce soit un prêt convertible.

Bien sûr, il faut éviter de répondre « non » car cela pourrait être blessant (*voir Loi n° 93*). Vous pouvez répondre « oui » en pensant « non », si vous voyez ce que je veux dire. Nous avons vu que vous ne deviez jamais prêter d'argent à vos amis ni à vos proches, à moins que vous ne soyez disposé à passer cet argent par pertes et profits (*voir Loi n° 90*) et de façon générale, ceux qui souhaitent emprunter une grosse somme ne sont pas aussi proches, ou alors, ils sauraient mieux à quoi s'en tenir avec vous.

Il nous reste donc les trois dernières possibilités : la condition, la participation au capital et le prêt convertible. Naturellement, il pourrait y en avoir d'autres.

**La condition :** si vous voulez mon avis, c'est un des meilleurs moyens de vous faire avoir. Oui, à condition que tu me rembourses dès que tu auras fait fortune ? À condition que tu ne fasses aucune bêtise avec cet argent ? À condition que tu ne l'utilises que pour le bien de l'humanité ? Poser une condition, c'est une méthode courante, mais qui incite la personne à formuler une promesse qui n'émane pas d'elle et que, souvent, elle ne tiendra pas.

**La participation au capital :** c'est mieux. Vous ne prêtez plus, vous proposez d'acheter une part d'un projet. Si le projet réussit, vous en avez pour votre argent. S'il avorte, vous n'auriez pas dû y participer. Vous ne pouvez vous en prendre qu'à vous-même. Le problème avec la prise de participation, c'est que c'est souvent tout l'un ou tout l'autre, on gagne ou on perd. Vous récupérez votre argent si le projet réussit – ou peut-être devrais-je dire *quand* le projet réussit.

**Le prêt convertible :** c'est bien mieux encore. Vous accordez un prêt dans des conditions formelles, avec un échéancier de remboursement, et ce prêt a une valeur légale. Cependant, si le projet réussit – et c'est ce que vous prévoyez, sinon vous ne prêteriez pas – vous convertissez votre prêt en participation au capital de l'entreprise. Ainsi, vous récupérez votre argent augmenté d'une belle part du profit. Dans ces conditions, prêter devient intéressant.

Si vous êtes sollicité pour un prêt, exiger que le prêt soit convertible vous permet de trier le bon grain de l'ivraie, de distinguer ce qui est sérieux et ce qui ne l'est pas. Si le projet ne réussit pas, vous récupérez votre argent, du moins en théorie. J'applique cette règle même avec mes enfants, quand je suis tenté de leur prêter de l'argent pour quelque chose d'important, une voiture ou un logement. J'exige ma part, de façon qu'ils ne puissent pas revendre le bien sans ma permission. Il est surprenant de voir combien de fois cette exigence suffit à les faire renoncer à leur projet. C'est aussi pour moi une façon de m'assurer qu'ils vont bien acheter ce qui est convenu, et non pas autre chose dont ils auraient omis de me parler.

> Exiger que le prêt soit convertible vous permet de trier le bon grain de l'ivraie.

# Loi n° 92

# Vous n'emporterez rien avec vous

On dit que c'est celui qui a le plus de pions à la fin de la partie qui a gagné. Cependant, on dit aussi que les linceuls n'ont pas de poches. Vous quitterez ce monde aussi nu et aussi démuni que vous y êtes arrivé. Par conséquent, tous vos efforts, d'une certaine façon, sont gaspillés : à moins, bien sûr, d'avoir fait quelque chose d'utile avec tout cet argent gagné.

Ne pas savoir s'en défaire, c'est ce que l'on appelle être grippe-sou. Bien sûr, vous voudrez laisser votre fortune à vos enfants, mais il faut que vous vous soyez déjà séparé de la plus grande partie de vos avoirs avant de tirer votre révérence. Autrement, vos légataires devront acquitter des droits de succession considérables.

Quelle que soit votre décision, faites-vous conseiller comme il se doit. Rien n'est plus exaspérant qu'une succession mal préparée, avec à la clé un maximum de taxation.

Naturellement, vous pouvez prévoir une assurance contre les dettes fiscales auxquelles vos héritiers auront à faire face. Pour cela, faites un calcul prévisionnel de ce montant, et consacrez un compte d'assurance-vie à sa couverture. Surtout, tenez-vous bien au courant de la législation en la matière, qui est susceptible d'évoluer à tout moment.

Je ne suis pas un conseiller financier (je peux juste vous conseiller une politique générale), mais je pense qu'il est important que vous régliez tout cela avant de disparaître. Bien sûr, vous pouvez laisser vos biens à votre conjoint, qui n'aura pas de droits de succession à acquitter*. Cependant, ce ne sera que partie remise : quand votre conjoint disparaîtra à son tour, les droits seront tout aussi élevés. Le fidéicommis peut être une bonne solution, mais agissez avec prudence.

L'autre jour, je lisais un article sur le dalaï-lama. Il touche l'équivalent de trente centimes d'euro par jour, il possède deux tuniques – une qu'il porte et une autre qui est au lavage – et son seul péché mignon consiste à changer de temps en temps le bracelet de sa montre (et je ne suis pas sûr s'il achète des bracelets en cuir). Et cependant, il est à la tête de toute une nation, quoiqu'en exil.

> Ne pas savoir s'en défaire, c'est ce que l'on appelle être grippe-sou.

* Tout dépend de votre situation de famille. Êtes-vous mariés, pacsés, concubins ? Tout dépend aussi dans quel pays vous êtes domiciliés l'un et l'autre.

## Loi n° 93

# Sachez dire non (et sachez dire oui) quand il le faut

Maintenant que vous avez fait fortune, comment les autres vous voient-ils ?

- Pour certains, vous êtes une cible de choix.
- Certains pensent que vous leur devez bien quelque chose : depuis le temps que vous vous connaissez…
- Pour certains, vous êtes quelqu'un avec qui on peut tenter sa chance, sait-on jamais…
- Pour certains, vous êtes la personne dont on peut obtenir des prêts à taux très faible ou même des cadeaux : c'est tellement plus facile qu'aller voir son banquier en ayant préparé un projet d'entreprise en bonne et due forme !

Les sollicitations ne prendront pas nécessairement la forme d'une main tendue. Certaines seront contenues dans de séduisantes brochures proposant des investissements. Devez-vous dire oui, ou non ? Comment le savoir ? Et comment devez-vous vous y prendre ?

D'une certaine façon, dire non à un ami ou à un proche n'est pas difficile. Faites-en une ligne de conduite dès le départ : ne prêtez pas d'argent à vos amis ni à vos proches (*voir Loi n° 90*). Si vous vous y tenez, ils auront vite appris à ne plus rien vous demander. Dire non à des personnes que vous côtoyez dans votre travail n'est pas non plus difficile. Il vous suffit de leur répondre qu'elles doivent s'adresser à votre comptable ou à votre conseiller. Dites que vous ne prenez jamais aucune décision sans les avoir consultés et que vous ne pouvez pas vous prononcer avant d'avoir étudié le dossier en détail. Cela en découragera déjà plus d'un. Quant aux autres, leur demande mérite davantage d'être prise en considération s'ils ont un véritable projet. Dans ce cas, peut-être vaut-il la peine d'y regarder de plus près.

Quand devez-vous dire oui, et quand devez-vous dire non?

Dites non lorsque :

- votre intuition vous suggère de dire non;
- votre interlocuteur n'a fait aucun effort de présentation : s'il fait preuve de paresse ou de négligence dès le départ, les choses n'iront sans doute pas en s'arrangeant;
- vous ne le connaissez ni d'Ève ni d'Adam : à un inconnu, il faut toujours dire non.

Il n'y a aucun mal à dire oui, et il n'y a aucun mal à dire non. C'est de votre argent qu'il s'agit, et vous êtes libre d'en faire ce que vous voulez.

- N'ayez aucun scrupule : les affaires sont les affaires.
- Assurez-vous d'avoir bien compris de quoi il retourne : c'est pourquoi il est toujours bon d'avoir des conseillers.
- Appliquez la politique de la porte fermée, afin de ne pas être submergé par les sollicitations : soyez difficilement accessible.
- Ne dites pas oui pour faire plaisir : ne tombez pas dans le piège du chantage émotionnel, ceux qui l'exercent doivent être écartés sans états d'âme.
- Quand vous dites non, que ce soit toujours très clair : pas de « peut-être » ni de « on verra ». Dites non, et l'affaire sera réglée pour votre interlocuteur – comme pour vous-même.
- Ne vous laissez pas harceler : montrez que vous êtes sûr de vous.
- Arrêtez votre interlocuteur dans son élan : avant même qu'il ait commencé à vous solliciter, une simple formule comme « Je préférerais que vous ne me demandiez rien » fera son effet.

> Il n'y a aucun mal à dire oui,
> et il n'y a aucun mal à dire non.

## Loi n° 94

# Sachez donner sans que l'on se sente redevable vis-à-vis de vous

Celle-là, je l'adore. Il existe des gens à qui donner de l'argent n'est pas simple :

- ceux qui ne vous ont rien demandé ;
- ceux qui en ont besoin ;
- ceux qui le méritent ;
- ceux qui sauront en faire bon usage.

La difficulté est de faire en sorte qu'ils acceptent cet argent sans se sentir redevables, obligés, coupables, etc. C'est une des règles que nous devrions tous respecter, quelle que soit notre situation financière. Je pense que vous devriez commencer le plus tôt possible avec vos enfants, s'ils vous disent qu'ils vous le rendront et si vous savez qu'ils ne vous le rendront pas. Ce qui est souhaitable, c'est que vous soyez capable de leur donner cet argent sans y joindre tout ce qui va généralement avec.

Pour vous aider à donner sans susciter un sentiment d'embarras ou de culpabilité, il existe un certain nombre de trucs :

- L'attitude qui consiste à dire : « Un jour, c'est peut-être toi qui gagneras au Loto. » Vous libérez la personne de l'obligation de vous rembourser tant qu'elle n'aura pas eu autant de chance que vous en avez eu vous-même.
- Ou bien, vous pouvez faire valoir à votre interlocuteur que la roue tourne : vous avez de l'argent en ce moment, mais ce ne

sera peut-être pas toujours le cas, et un jour c'est peut-être lui qui vous aidera.

- Ou bien, vous aimez rendre les gens heureux autour de vous, et comment pourriez-vous souhaiter que vos amis aient un cas de conscience, qu'ils soient endettés, etc. ? Dites-lui que votre bonheur passe par le sien. Qui peut refuser cela ?
- Pourquoi ne devriez-vous pas aider vos amis ? Ce truc ressemble au précédent, mais il n'en est pas moins intéressant et utile. Les amis, c'est fait pour cela. Tu m'as aidé, je t'aide à mon tour, etc.
- Dites-lui que vous avez un problème avec le fisc et que s'il pouvait vous décharger d'une partie de votre argent liquide, cela vous rendrait service. Vous lui en seriez toujours reconnaissant.
- Dites-lui que le fisc n'aura cet argent qu'après votre disparition, et que vous préférez avoir le plaisir de lui en faire profiter plutôt que de penser qu'il vous pleurera plus tard.
- Vous pouvez aider quelqu'un à acquérir un logement plus grand en participant à l'achat. Il ne vous paiera rien tant qu'il vivra, mais ensuite votre investissement aura sans doute pris davantage de valeur que si vous aviez placé cette somme sur un compte rémunéré. Et si ce n'est pas le cas, quel est le problème ? Le profit financier n'était pas l'objectif.

Je suis sûr que si vous y réfléchissez, vous trouverez bien d'autres idées encore. Ici, il s'agit de se faire plaisir et de faire plaisir, d'aider autrui, de lâcher prise, de partager votre richesse et de faire preuve de créativité, tout cela à la fois.

> Ce qui est souhaitable, c'est que vous soyez capable de leur donner cet argent sans y joindre tout ce qui va généralement avec.

## Loi n° 95

# Ne surprotégez pas vos enfants, ne les privez pas de l'expérience de la pauvreté

Si vous aviez l'intention de demander à vos parents un prêt (ou plutôt un cadeau ?) vraiment important, vous n'allez pas aimer du tout ce qui va suivre.

Parents qui lisez ces lignes, n'accordez pas un tel prêt (ou cadeau) à vos enfants. Il est bon de ne pas les dorloter, de leur permettre d'apprendre à apprécier la valeur de l'argent et à traiter l'argent avec respect. Si vous êtes riche, ce n'est pas une raison pour que vos enfants prennent l'habitude, aussitôt qu'ils commencent à marcher, de tendre la main.

Pour celle-ci, je ne suis vraiment pas un champion, mais j'apprends. Entre l'avarice sordide et la générosité excessive, vous pouvez trouver un moyen terme. Parlons maintenant budget et fidéicommis.

Un budget mensuel d'argent de poche est toujours souhaitable, car cela leur apprend à vivre en fonction de leurs moyens. De cette manière, vos enfants apprendront à économiser et à épargner (à la fin du mois, ou au milieu du mois dans la plupart des cas). Le meilleur moment est sans doute le début des études. Ils apprennent en même temps beaucoup d'autres choses : ils découvrent la sexualité, les drogues, les soirées qui se prolongent, les fréquentations parfois douteuses, l'alcool. Il est bon qu'au même moment, ils apprennent à tenir leurs propres comptes.

Vous pouvez aussi préparer une épargne pour eux, afin qu'ils puissent acquérir un bien immobilier, une entreprise, une voiture correcte. Si c'est vous qui gérez le compte, ils ne pourront pas gaspiller cet argent en s'achetant une télévision ou un sac à main griffé à six cents euros. Naturellement, vous prévoirez également un fonds en fidéicommis, pour quand vous ne serez plus là. Ou bien, vous pouvez leur permettre d'en disposer lorsqu'ils auront la maturité suffisante. Personnellement, je serais partisan de leur laisser la libre disposition de ces fonds au moment où ils gagneront déjà leur vie, si bien qu'ils connaîtront vraiment la valeur de l'argent.

Et surtout, surtout, ne leur dites pas qu'ils auront cet argent pour leurs 25 ans, ou à tel ou tel autre moment. Rien ne peut démotiver un enfant davantage que l'idée que l'argent va lui tomber du ciel. Si vous ne voulez pas que vos enfants croient qu'ils n'ont aucun effort à faire, laissez-les croire qu'ils n'auront jamais rien.

Enfin, comment fixer le montant de leur argent de poche ? Vous seul pouvez le déterminer, et tout dépendra bien sûr de leur âge, mais à l'adolescence vous pouvez très bien en discuter avec eux. Ce ne sera peut-être pas sans désaccords, mais en les obligeant à défendre et à justifier sou par sou les sommes qu'ils demandent, vous leur permettrez de mieux apprécier la valeur de l'argent qu'ils dépenseront.

> Un budget mensuel d'argent de poche est toujours souhaitable.

## Loi n° 96

# Sachez choisir les bonnes causes à financer

On a vite fait d'être submergé de sollicitations, pour diverses causes humanitaires et autres. Je ne parle pas du chantage à l'émotion qui nous est fait dans nos boîtes à lettres (ces quelques euros qui pourraient permettre à une famille de manger pendant un an, qui sauveraient une forêt tropicale, avec lesquels les aveugles recouvreraient la vue, etc.).

Je parle des dons pour soutenir une cause ou une personne en particulier. Concernant le parrainage d'un pingouin, d'un albatros ou d'un poisson d'une espèce menacée, j'ai toujours eu des doutes – mais c'est une vision personnelle, tout à fait subjective. Comment pouvez-vous savoir lequel est le « vôtre » ? Dans un refuge ou dans un zoo, au moins, vous pouvez aller rendre visite à l'animal que vous avez sauvé, mais dans la nature, c'est tellement plus difficile !

Quoi qu'il en soit, voici quelques conseils pour choisir une bonne cause à soutenir :

- Décidez ce qui est important à vos yeux : préserver la planète, sauver les baleines, protéger la petite enfance, aider les pauvres, ou promouvoir la recherche sur le cancer.
- Réfléchissez à la façon dont vous voulez participer : en donnant simplement de l'argent, en militant, en offrant une compétence professionnelle, en collectant des fonds (pour ma part, j'ai toujours eu envie de conduire un de ces canots pneumatiques de Greenpeace : j'aime ce genre de bateaux !).

- Consultez les sites internet des associations qui vous intéressent, et voyez si leurs idéaux correspondent bien aux vôtres.
- Faites en sorte d'en savoir plus sur ces associations : consultez leurs comptes, leurs états financiers, leurs dépliants, leurs lettres d'information, l'identité des dirigeants, etc.
- Suivez votre intuition.

En ce qui me concerne, j'élimine toute association qui me contacte directement : non pas parce que cela m'indispose, mais parce que je préfère faire moi-même le tri. En matière de dons caritatifs, j'ai ma propre philosophie. Je préfère les organismes qui agissent concrètement, par exemple en formant les villageois, etc. D'autre part, mon choix se porte sur les petites associations, car je me dis que ce sont celles qui ont davantage besoin d'être aidées.

Enfin, je n'aide que les petites associations dont les objectifs me semblent réalistes. Nourrir le tiers-monde, par exemple, me semble un objectif disproportionné. C'est certainement un objectif très louable, mais il me paraît trop lointain. Je préfère financer un projet consistant à fournir l'eau potable à tel ou tel village, ou à offrir un petit déjeuner à un écolier*.

> Concernant le parrainage d'un pingouin, j'ai toujours eu des doutes – mais c'est une vision personnelle, tout à fait subjective.

---

* Par exemple, avec www.magicbreakfast.co.uk.

## Loi n° 97

# Dépensez vous-même votre argent, car personne ne le dépensera aussi judicieusement que vous

Vous vous imaginez peut-être que dépenser soi-même son argent est ce que tout le monde fait ? Non, certainement pas. Plus nous sommes riches, plus nous sommes amenés à confier notre argent à d'autres pour qu'ils le dépensent à notre place, et croyez-moi, le risque que notre richesse diminue augmente d'autant. On a vite fait de déléguer, parce qu'on est trop occupé.

J'ai remarqué que ceux qui réussissent vraiment à s'enrichir ne délèguent rien : ils ne cessent jamais d'accorder une grande attention aux détails. Bien sûr, quand vous serez trop vieux pour pouvoir continuer à gérer vos propres affaires, il peut venir un moment où vous devrez passer la main, mais en attendant, ne lâchez rien.

Des exemples ? J'ai un ami qui possède une fortune considérable et qui délègue volontiers à qui le lui propose le soin d'effectuer ses achats à sa place. Son jardinier achète lui-même tout le matériel : tondeuse, tronçonneuse, etc. Il lui achète le haut-de-gamme, faut-il le préciser : des machines qui sont pour le jardin l'équivalent d'une Rolls-Royce. Mon ami signe les chèques et le jardinier est tout content. Mon ami organise aussi des repas pour s'amuser, et il fait venir des traiteurs. Il signe les chèques, et les traiteurs s'occupent de tout.

Je vous entends dire : « Et alors ? S'il en a les moyens ! » Oui, certes, il en a les moyens. Cependant :

- Il se fait souvent escroquer.
- Il n'en a pas pour son argent.
- Il perd peu à peu le contrôle de ses propres finances.
- Il perd la considération de ses employés et des prestataires auxquels il fait appel, auprès desquels il passe pour une bonne poire (ce ne serait pas aussi préoccupant s'il s'agissait d'un aristocrate, mais il s'est enrichi par ses propres efforts).

Il en est de même quand il s'achète une nouvelle voiture. Il téléphone à une concession pour qu'on lui livre le modèle de son choix. Le problème, c'est que, bien souvent, le concessionnaire en profite pour lui fourguer une voiture qu'il avait du mal à vendre. C'est ainsi qu'il s'est retrouvé un jour avec une Bentley rose que personne n'aurait jamais achetée. Pour plaisanter, je lui demande si le concessionnaire ne se tient pas derrière une vaste baie vitrée pour le voir venir de loin. Si vous voulez garder le contrôle de vos finances (et votre dignité), gardez le contrôle de vos dépenses. Pas de Bentley rose. Ne confiez à personne votre carte bancaire. N'habilitez personne à signer des chèques à votre place. Ne recourez à aucun intermédiaire pour effectuer vos achats. Fixez correctement le budget de chacun, et faites-vous soumettre des propositions d'achat. Vérifiez tout. Gardez bien la maîtrise de la situation. Enfin, si vous voulez mon conseil : jamais de compte joint. Aujourd'hui, rien ne le justifie.

> J'ai remarqué que ceux qui réussissent vraiment à s'enrichir ne délèguent rien.

## Loi n° 98

# Avant de prendre conseil, assumez vos responsabilités

Cette Loi vient naturellement compléter la précédente. Avant de demander conseil, vous devez savoir :

- ce que vous espérez obtenir ;
- la raison pour laquelle vous allez demander ce conseil ;
- votre point de vue précis : si vous n'en savez rien, comment peut-on vous conseiller ?
- ce que vous voulez qu'il se passe ensuite ;
- quel rôle vos interlocuteurs joueront ;
- ce que vous pourrez faire si le conseil que l'on vous a donné était mauvais, n'était plus valable ou n'était pas en votre faveur ;
- de quel autre conseil vous pourriez avoir besoin.

Enfin, il faut au préalable que vous assumiez vos responsabilités.

Au départ, chacun espère faire fortune : du moins, cela a été mon cas, mais aussi celui de la plupart des gens avec qui j'ai eu l'occasion de discuter de ce sujet. C'est naturel. Un jour, cependant, vous finissez par vous rendre compte que les choses ne se passent pas ainsi. C'est ce qui m'est arrivé. Je suis alors passé à la vitesse supérieure, car j'ai voulu que cette situation change, et, aujourd'hui, je suis fabuleusement riche*. Cela m'a demandé beaucoup de travail et d'efforts. Si vous êtes dans le même cas que moi, le moment est venu de prendre

* Note à l'attention de mon percepteur : je plaisante. Et puis, j'ai tout déclaré, je suis en règle.

un peu de recul, de vous responsabiliser et de faire un état des lieux. Il faut que vous sachiez :

- où vous en êtes ;
- comment vous y êtes arrivé ;
- ce que vous valez : financièrement, et moralement ;
- ce que vous voulez faire maintenant ;
- comment vous comptez y parvenir.

Une fois que vous aurez répondu à ces questions, vous serez en mesure de vous faire conseiller. Il ne s'agit pas nécessairement de consulter des spécialistes, des gens sérieux en costume gris, ni de payer. Les bons conseils peuvent parfois provenir de sources improbables et de personnes auxquelles on n'aurait pas pensé. Apprenez à écouter, et apprenez à entendre ce qui n'est pas dit. Apprenez à être heureux (pour chacun de nous, c'est particulièrement difficile).

Plus nous nous enrichissons, plus il nous paraît facile de déléguer nos affaires (financières) à des personnes dont nous pensons qu'elles auront à cœur d'agir pour nos intérêts, qu'elles savent ce qu'elles font, qu'elles sont au fait des lois et des dernières évolutions du droit, etc. Ce que j'ai constaté, c'est que d'une part, il n'en est rien, et d'autre part, les gens vraiment riches ne délèguent rien sans être vraiment sûrs de leurs collaborateurs ou conseillers. Mon conseil, c'est de les imiter.

Il ne s'agit pas nécessairement de consulter des spécialistes, des gens sérieux en costume gris, ni de payer.

## Loi n° 99

# Une fois que vous avez acquis cette richesse, n'en faites pas étalage

La richesse, c'est magnifique. Avoir de l'argent, c'est merveilleux. S'enrichir est une activité intéressante et captivante. Mais une Bentley rose, c'est simplement vulgaire, comme tout ce qui fait nouveau riche, clinquant, bling-bling. Tout cela, c'est de mauvais goût. Soyez riche, mais soyez-le comme il convient de l'être, avec élégance.

J'ai lu récemment l'histoire d'un jeune garçon qui avait séjourné chez un millionnaire – un parent, je suppose – et qui s'était couché en laissant les lumières allumées. Son hôte était apparu à la porte et lui avait dit que c'était du gaspillage et qu'il devrait éteindre. Il l'avait même menacé de lui faire payer une amende d'un dollar, mais finalement, il lui avait donné un dollar et il avait éteint lui-même. Le garçon n'a jamais oublié cet incident. Aujourd'hui encore, il prend soin d'éteindre les lumières. Il se demande encore pourquoi ce truc de psychologie inversée a été efficace (cela se passait en 1953, et un dollar représentait alors une somme appréciable).

Soyez frugal. Faites attention à votre argent. N'en faites pas étalage. Vous appartenez désormais à un club exclusif, et vous avez certaines règles à observer :

- pas de voiture rutilante ;
- pas de château, de ranch ni de maison de style : on n'est pas à Dallas ;
- pas de bling-bling ;
- pas de paillettes ni de clinquant ;

- pas d'achats impulsifs ;
- pas d'animaux sauvages ou exotiques en guise d'animaux de compagnie ;
- pas d'achat d'île ;
- pas d'avion privé ;
- pas d'invitation de toute la famille à une fête à l'étranger avec avion payé ;
- pas d'invitation de toute la famille à l'étranger pour votre dernier mariage ;
- pas de gros diamant ni de gros bijou de quelque sorte que ce soit, qui ne ferait qu'attirer les voleurs et les escrocs.

Soyez riche de façon discrète, raffinée, tranquille, avec goût et avec tempérance. Évitez le ridicule : les pantalons en peau de léopard suscitent des sarcasmes. Soyez quelqu'un que tout le monde peut avoir en face de soi, quelqu'un qui puisse être un exemple pour les jeunes, pour les gens moins fortunés, pour les gens influençables.

Qui n'a pas déjà croisé ce genre de parvenu qui s'est enrichi trop vite et qui se croit obligé de le montrer ? Je sais bien qu'on devrait s'abstenir de juger les autres, mais parfois…

L'étalage de richesse inspire l'envie, la jalousie (ce sont deux choses différentes), la critique, la condamnation, et tout cela est normal. La discrétion, au contraire, inspire le respect, l'admiration et l'émulation. Ne dites jamais combien vous possédez, combien vous gagnez ni ce que vous valez : la moitié des gens vous mépriseraient de ne pas posséder davantage, et l'autre moitié vous en voudrait d'être aussi riche. Réservez ce genre d'information à votre conseiller bancaire, et encore serait-il préférable qu'il soit obligé de vous tirer les vers du nez.

> Ne dites jamais combien vous possédez, combien vous gagnez ni ce que vous valez.

## Loi n° 100

# Si vous optez pour un pacte avec le diable…

Nous en sommes donc à la dernière Loi, et je pense que nous pouvons nous amuser un peu. Créer de la richesse doit être une aventure aussi variée et différente pour chacun de nous que toute autre chose. Les possibilités ne manquent pas : travailler, gagner au Loto, remporter un tournoi de poker (il faut que ce soit une sacrée partie), hériter, voler quelqu'un, obtenir un prix (le prix Nobel de littérature, par exemple, rapporte environ 1,3 million de dollars* – au moins, n'oubliez pas de mentionner mon nom ! – et que diriez-vous du prix Templeton, à 1,4 million de dollars** ?), trouver un trésor (les exemples sont nombreux sur Internet), épouser une riche héritière, etc. Enfin, bien entendu, si vous désespérez de trouver une autre solution, il vous reste toujours la possibilité de passer un pacte avec le diable : mais faites attention aux clauses léonines.

Selon la tradition chinoise du Feng shui, si vous ne prenez pas l'habitude de laisser fermé l'abattant de votre cuvette de W.C., votre argent sera dilapidé. Je me demande si ce n'est pas là une invention récente, car je ne crois pas que les cuvettes de W.C. à abattant et chasse d'eau aient existé en Chine à l'époque des Taoïstes, quand les règles du Feng shui ont été établies.

---

* Dix millions de couronnes suédoises : la valeur actuelle varie selon les cours relatifs des monnaies.

** Le prix Templeton est décerné chaque année par un jury multiconfessionnel à une personne ayant apporté une contribution unique au progrès dans la recherche dans le domaine des réalités spirituelles.

Ensuite, vous pouvez écrire sur un petit papier quelle quantité de richesse vous voulez acquérir, puis accrocher ce papier quelque part pour pouvoir, tous les jours, le lire et le scander cent fois à voix haute. Cela peut marcher. Vous pouvez aussi placer ce papier sous votre oreiller, pour tenter de découvrir dans vos rêves l'endroit où le trésor est caché.

Il y a aussi la banque cosmique, que vous pouvez invoquer en lui indiquant la somme que vous désirez recevoir. Il paraît qu'elle vous paye tout de suite. Je suis sûr qu'il y a une embrouille, car je connais les banques et elles sont toutes pareilles.

Il y a également les cristaux : vous les disposez dans votre maison, vous les portez sur vous, ou vous dormez avec. Certains peuvent entrer en résonance avec la banque cosmique (encore elle). Une sorte de chèque minéral, je suppose*.

La radiesthésie ? Vous vous promenez dans la nature avec des baguettes de noisetier, et ces baguettes se mettent à osciller quand vous passez à proximité d'un trésor enterré, d'un gisement aurifère ou d'un de ces anneaux de métal qui servent à ouvrir les cannettes de bière. C'est un peu comme un détecteur de métaux, mais vous n'avez pas besoin de piles.

Je ne me moque pas du tout de ces méthodes. Quelle que soit la façon dont vous comptez vous enrichir, il faut vous y tenir, y croire, vous y investir à cent pour cent et n'écouter personne. Pas même moi. Surtout pas moi. Bonne chance !

> **Il reste toujours la possibilité de passer un pacte avec le diable : mais faites attention aux clauses léonines.**

---

* La citrine, le rubis et l'œil-de-tigre sont censés posséder ce pouvoir, mais je pense que si vous avez les moyens de vous acheter des rubis, vous n'avez pas besoin de cette fortune, ou peut-être que vous la donnez à votre joaillier : c'est donc pour lui que la méthode est efficace.

## DU MÊME AUTEUR, AUX ÉDITIONS LEDUC.S

Format : 15 x 21 cm
Pages : 232
Prix : 14,90 euros
ISBN : 978-2-84899-327-0

Format : 15 x 21 cm
Pages : 256
Prix : 14,90 euros
ISBN : 978-2-84899-352-2

Format : 15 x 21 cm
Pages : 240
Prix : 14,90 euros
ISBN : 978-2-84899-370-6